365
DINOZAURÓW

365 DINOZAURÓW
Tytuł oryginału:
365 AMAZING DINOSAURS AND PRE-HISTORIC ANIMALS
Tłumaczenie: Anna Matusik
Redakcja: Anna Matusik
Korekta: Maria Kozyra
Projekt okładki: Christakis Akhtar
© Christakis Akhtar, SNJ Agency, London, UK
www.snjagency.com
© ARTI SJ
Druk i oprawa: Białostockie Zakłady Graficzne S.A.

ISBN 978-83-61704-35-5

© Copyright 2008 XACT
© Copyright 2008 PWH „ARTI"SJ
Warszawa 2010

Wszelkie prawa zastrzeżone.
Żadna część niniejszej publikacji nie może być reprodukowana, zapisywana
w systemach pamięciowych lub przekazywana w jakiejkolwiek formie za pośrednictwem
jakichkolwiek środków przekazu: elektronicznych, mechanicznych, systemu fotokopii,
nagrań lub innych metod bez pisemnej zgody właściciela praw autorskich

PRZEDSIĘBIORSTWO WYDAWNICZO-HANDLOWE „ARTI"
Artur Rogala, Mariusz Rogala-Spółka Jawna
01-217 Warszawa, ul. Kolejowa 11/13
tel./fax (22) 6314158, tel. (22) 6316080
e-mail: wydawnictwoarti@wp.pl
www.artiwydawnictwo.pl

WSTĘP

Tajemniczy świat dinozaurów fascynuje kolejne pokolenia. Chcemy dowiedzieć się więcej na temat tych żyjących setki milionów lat temu na Ziemi zwierząt: Jak dokładnie wyglądały? W jaki sposób żyły? Dlaczego wyginęły?

Dzięki odnajdowanym w różnych częściach świata prehistorycznym skamielinom, które przetrwały próbę czasu i stanowią doskonały materiał do badań dla paleontologów, powoli uzyskujemy odpowiedzi na te pytania. Zdobyta wiedza pomaga nam nie tylko wyobrazić sobie tamten niezwykły okres, ale również znacznie lepiej zrozumieć proces ewolucji.

Ten przejrzyście ułożony album w przystępny sposób prezentuje 365 wyjątkowych dinozaurów i prehistorycznych zwierząt. Ich opisy zawierają zarówno podstawowe informacje, jak też wiele interesujących szczegółów. Dodatkowo każdy z nich opatrzony jest barwną ilustracją, co na pewno spodoba się zwłaszcza młodszym czytelnikom.

SPIS TREŚCI

STYCZEŃ
- Brachiozaur — 8
- Afrowenator — 9
- Awimimus — 9
- Baktrozaur — 10
- Bagaceratops — 10
- Bambiraptor — 11
- Protozuch — 11
- Barapazaur — 12
- Barozaur — 12
- Barionyks — 13
- Beipiaozaur — 13
- Bahariazaur — 14
- Bonitazaura — 14
- Awaceratops — 15
- Brachyceratops — 15
- Brachylofozaur — 16
- Brachytrachelopan — 16
- Tur — 17
- Kamarazaur — 17
- Kaudipteryks — 18
- Kamptozaur — 18
- Karcharodontozaur — 19
- Karnotaur — 19
- Dinofelis — 20
- Centrozaur — 20
- Ceratozaur — 21
- Cetiozaur — 21
- Chasmozaur — 22
- Achillobator — 23
- Elasmoterium — 23
- Egiptozaur — 24

LUTY
- Latimeria — 26
- Animantarks — 26
- Ankylozaur — 27
- Andezaur — 27
- Antarktopelta — 28
- Antarktozaur — 28
- Antetonitrus — 29
- Apatozaur — 29
- Anserimim — 30
- Aralozaur — 30
- Archeopteryks — 31
- Meiolania — 31
- Argentynozaur — 32
- Andrewsarchus — 32
- Argyrozaur — 33
- Aristozuch — 33
- Arhinoceratops — 34
- Astrodon — 34
- Atlaskopkozaur — 35
- Aublysodon — 35
- Bruhatkajozaur — 36
- Buitreraptor — 36
- Abelizaur — 37
- Abriktozaur — 37
- Byronozaur — 38
- Akantofolis — 38
- Kamptozaur — 39
- Akrokantozaur — 39
- Mamutak — 40

MARZEC
- Bandik świnionogi — 42
- Steropodon — 42
- Wilk workowaty — 43
- Lew workowaty — 43
- Kanguroszczur pustynny — 44
- Anatotytan — 44
- Prokonsul — 45
- Agustinia — 45
- Alamozaur — 46
- Agilizaur — 46
- Dilofozaur — 47
- Alektrozaur — 47
- Dilong — 48
- Anchiceratops — 48
- Algoazaur — 49
- Wielkouch króliczy mniejszy — 49
- Alioram — 50
- Euknemezaur — 50
- Allozaur — 51
- Anchizaur — 51
- Altirin — 52
- Altispinaks — 52
- Alwarezaur — 53
- Grypozaur — 53
- Alksazaur — 54
- Amargazaur — 55
- Amazonzaur — 55
- Ammozaur — 56
- Ampelozaur — 57
- Amficelias — 58
- Anatozaur — 58

KWIECIEŃ
- Chirostenot — 60
- Dromicejomim — 60
- Chuanjiesaurus — 61
- Czungkingozaur — 61
- Citipati — 62
- Dromeozaur — 62
- Celofyz — 63
- Celur — 63
- Kompsognat — 64
- Konchoraptor — 64
- Korytozaur — 65
- Bazylozaur — 65
- Efraazja — 66
- Dimorfodon — 66
- Pteranodon — 67
- Kecalkoatl — 67
- Eoraptor — 68
- Erektopus — 68
- Dsungaripterus — 69
- Sarkozuch — 69
- Erketu — 70
- Kriolofozaur — 70
- Haplokantozaur — 71
- Dacentrur — 71
- Daspletozaur — 72
- Datouzaur — 72
- Deinocheir — 73
- Deinonych — 73
- Deltadrom — 74
- Guanlong — 74

MAJ
- Diplodok — 76
- Klaozaur — 77
- Mamut włochaty — 77

- Dakosaurus — 78
- Karnotaur — 78
- Szunozaur — 79
- Siuanhanozaur — 79
- Jobaria — 80
- Driozaur — 80
- Dryptozaur — 81
- Dyoplosaurus — 81
- Edmontonia — 82
- Edmontozaur — 83
- Polakant — 83
- Plateozaur — 84
- Erlikozaur — 84
- Harpymim — 85
- Euhelop — 85
- Euoplocefal — 86
- Europazaur — 86
- Euskelozaur — 87
- Eustreptospondyl — 87
- Fabrozaur — 88
- Herrerazaur — 88
- Fukuiraptor — 89
- Fulguroterium — 89
- Futalognkozaur — 90
- Gallimim — 90
- Gargojleozaur — 91
- Garudimim — 91
- Gazozaur — 92

CZERWIEC

- Gasparinizaura — 94
- Geniodektes — 94
- Geranozaur — 95
- Giganotozaur — 95
- Gigantoraptor — 96
- Jurawenator — 96
- Gilmorozaur — 97
- Giraffatitan — 97
- Glacjalizaur — 98
- Pelekanimim — 98
- Gondwanatytan — 99
- Gorgozaur — 99
- Gojocefal — 100
- Graciliraptor — 100
- Gracilizuch — 101
- Heterodontozaur — 101

- Homalocefal — 102
- Huajangozaur — 102
- Hileozaur — 103
- Hipakrozaur — 103
- Hipselozaur — 104
- Hipsylofodon — 104
- Iguanodon — 105
- Incisivosaurus — 105
- Indozuch — 106
- Tarchia — 106
- Irritator — 107
- Plakodus — 107
- Janenszja — 108
- Jaksartozaur — 108

LIPIEC

- Kentrozaur — 110
- Jeholornis — 111
- Kritozaur — 111
- Beklespinaks — 112
- Lambeozaur — 112
- Lielynazaura — 113
- Liaoceratops — 113
- Lilienstern — 114
- Mażungazaur — 115
- Mapuzaur — 115
- Masospondyl — 116
- Omeizaur — 116
- Naashoibitosaur — 117
- Nomingia — 117
- Megalozaur — 118
- Melanorozaur — 118
- Minmi — 119
- Mononyk — 119
- Muszaur — 120
- Mutaburazaur — 120
- Nanotyran — 121
- Nigerzaur — 121
- Noazaur — 122
- Nodozaur — 122
- Notronych — 123
- Omdenozaur — 123
- Olorotytan — 124
- Opistocelikaudia — 124
- Otnielia — 125
- Ornitomim — 125

- Ornitolest — 126

SIERPIEŃ

- Owiraptor — 128
- Uranozaur — 129
- Pachycefalozaur — 129
- Pachyrinozaur — 130
- Panoplozaur — 130
- Paralitytan — 131
- Parazaurolof — 131
- Parksozaur — 132
- Patagozaur — 132
- Torwozaur — 133
- Pentaceratops — 133
- Piatnickizaur — 134
- Pisanozaur — 134
- Koloradizaur — 135
- Drawidozaur — 135
- Prenocefal — 136
- Probaktrozaur — 136
- Proceratozaur — 137
- Protoceratops — 137
- Kwantazaur — 138
- Kwezytozaur — 138
- Rajazaur — 139
- Rapetozaur — 139
- Riochazaur — 140
- Sajchania — 140
- Saltazaur — 141
- Saltopus — 142
- Zaurolof — 142
- Zaurofaganaks — 143
- Diceratops — 143
- Drakopelta — 144

WRZESIEŃ

- Lesotozaur — 146
- Einiozaur — 146
- Emauzaur — 147
- Haltikozaur — 147
- Laparentozaur — 148
- Leptoceratops — 148
- Segnozaur — 149
- Leksowizaur — 149
- Lufengozaur — 150
- Likorin — 150
- Madziarozaur — 151

- Mamenchizaur 151
- Mandżurozaur 152
- Metriakantozaur 152
- Mikropachycefalozaur 153
- Montanoceratops 153
- Nemegtozaur 154
- Nekenzaur 154
- Teratozaur 155
- Orodrom 155
- Awiatyran 156
- Aragozaur 156
- Pelorozaur 157
- Canis dirus 157
- Pinakozaur 158
- Syczuanozaur 158
- Prokompsognat 159
- Protoawis 159
- Psitakozaur 160
- Rabdodon 160

PAŹDZIERNIK

- Dysalotosaurus 162
- Zauroposejdon 162
- Zaurornitoid 163
- Zaurornitolest 163
- Scelidozaur 164
- Skutellozaur 165
- Secernozaur 165
- Sejsmozaur 166
- Szamozaur 166
- Szantungozaur 167
- Syjamotyran 168
- Sylwizaur 168
- Sinornitozaur 169
- Sinozauropteryks 169
- Spinozaur 170
- Staurikozaur 170
- Stegoceras 171
- Stegozaur 171
- Stenonychozaur 172
- Strutiomim 172
- Strutiozaur 173
- Stygimoloch 173
- Styrakozaur 174
- Suchomim 174

- Superzaur 175
- Syntars 175
- Talarur 176
- Tekodontozaur 177
- Tarbozaur 177
- Jawerlandia 177
- Tenontozaur 178

LISTOPAD

- Terizinozaur 180
- Teskelozaur 180
- Tytanozaur 181
- Torozaur 181
- Triceratops 182
- Troodon 182
- Tsintaozaur 183
- Tuodziengozaur 183
- Turiazaur 184
- Tylocefal 184
- Tyranozaur rex 185
- Tyranotytan 185
- Ultrazaur 186
- Unenlagia 186
- Utahraptor 187
- Wariraptor 187
- Wektizaur 188
- Welociraptor 188
- Albertozaur 189
- Wuerhozaur 189
- Siaozaur 190
- Xinjiangovenator 190
- Jangczuanozaur 191
- Juanmouzaur 191
- Zalmokses 192
- Zefirozaur 192
- Zuniceratops 193
- Retozaur 193
- Zauropelta 194
- Segizaur 194

GRUDZIEŃ

- Entelodont 196
- Sellozaur 196
- Mikroraptor 197
- Wulkanodon 197
- Wannanozaur 198

- Charonozaur 198
- Junnanozaur 199
- Epidendrozaur 199
- Niedźwiedź jaskiniowy 200
- Czialingozaur 200
- Marazuch 201
- Elafrozaur 201
- Nkwebazaur 202
- Mutaburazaur 202
- Mantellizaur 203
- Glyptodon 203
- Protarcheopteryks 204
- Labokania 204
- Masjakazaur 205
- Neowenator 205
- Lukuzaur 206
- Monoklonius 206
- Oszanozaur 207
- Podokezaur 207
- Poekilopleuron 208
- Rebbachizaur 209
- Sarkolest 209
- Stenopeliks 210
- Maksakalizaur 210
- Prenoceratops 211
- Nanozaur 211

Styczeń

1 STYCZNIA

Brachiozaur

Ten ogromny dinozaur należał do rodziny brachiozaurów. Nazwa Brachiosaurus znaczy „ramienny jaszczur" i odnosi się do długości jego przednich kończyn, które były znacznie dłuższe od tylnych. Dzięki swoim gabarytom brachiozaur prawdopodobnie nie miał wrogów. Dorosły osobnik był bowiem dwadzieścia razy cięższy od słonia i mierzył ok. 16 m. Nie bez znaczenia był również jego ogon, którym mógł zmieść większość napastników. Zwierzę to charakteryzowało się długą szyją oraz niewielką głową, na szczycie której osadzone były duże nozdrza mogące wskazywać na dobrze rozwinięty zmysł powonienia. Jego kończyny wyposażone były w pięć palców, przy czym pierwszy palec przednich oraz trzy pierwsze palce tylnych kończyn zaopatrzone były w pazury. Ten roślinożerca posiadał 52 zęby, a jego pokarm stanowiły najwyżej rosnące rośliny, które połykał w całości, bez przeżuwania. Kiedy pożywienie na danym obszarze kończyło się, przemieszczał się, prawdopodobnie w stadach, na inne tereny. Uważa się, że brachiozaur, jak pozostałe zauropody, był jajorodny.

2 STYCZNIA

Afrowenator

Afrowenator był dwunożnym mięsożernym teropodem z rodziny megalozaurów. Żył w okresie wczesnej kredy. Jego nazwa rodzajowa pochodzi z łaciny, z połączenia prefiksu afro- (odnoszącego się do Afryki) i słowa venator („myśliwy"). Oznacza więc „afrykańskiego myśliwego". Dinozaur ten osiągał długość ciała dochodzącą do 9 m. Jego przednie kończyny zaopatrzone były w trzy palce zakończone pazurami, a ostre zęby mierzyły ok. 5 cm każdy. Szczątki afrowenatora zostały odkryte w formacji Tiouraren w departamencie Agadez w Nigrze. Odnaleziono pojedynczy, ale prawie kompletny szkielet z czaszką, częścią kręgosłupa, kończynami i prawie kompletną miednicą. Obecnie znajduje się on na uniwersytecie w Chicago.

Awimimus

3 STYCZNIA

Awimimus był teropodem żyjącym w okresie późnej kredy, ok. 85-75 milionów lat temu. Długość jego ciała wynosiła 1-1,5 m. Był niezwykle szybkim i zwinnym dinozaurem. Swoim wyglądem przypominał strusia i prawdopodobnie osiągał, tak jak ten ptak, prędkość dochodzącą do ok. 70 km/h. Jego cechy charakterystyczne to: nogi przypominające nogi ptaka, bezzębny dziób oraz krótki ogon, a według niektórych paleontologów – również pióra pokrywające przednie kończyny. Dieta tego zwierzęcia nie została do końca ustalona. Uważa się, że jej podstawę stanowiły rośliny, ale mogła także zawierać niewielkie zwierzęta, owady i jaja. Cztery niekompletne szkielety awimimusa zostały znalezione na terenie Mongolii przez rosyjskich paleontologów. Nazwę nadał mu w 1981 roku jeden z nich, Siergiej Kurzanow.

4 STYCZNIA

Baktrozaur

ciało i długi, sztywny ogon. Jego szczątki (kości kończyn, miednica, prawie cała czaszka) zostały odkryte w Chinach i w Mongolii. Nie skompletowano całego szkieletu, ale opis baktrozaura jest i tak dokładniejszy niż większości pozostałych wczesnych hadrozaurów.

Baktrozaur był roślinożernym dinozaurem z rodziny hadrozaurów, żyjącym na terenie wschodniej Azji w okresie późnej kredy, ok. 97-85 milionów lat temu. Jego nazwa znaczy „jaszczur maczugowaty" i została mu nadana przez amerykańskiego pale-ontologa Charlesa W. Gilmore'a w 1933 roku. Długość ciała baktrozaura wynosiła ok. 6 m, wysokość ok. 2 m, a waga ok. 1,5 t. Miał masywne

Bagaceratops

5 STYCZNIA

Bagaceratops był najmniejszym (długości ok. 1 m) i najbardziej prymitywnym ceratopsem. Zamieszkiwał tereny obecnej Mongolii w okresie późnej kredy. Nazwa Bagaceratops znaczy „mała rogata twarz", ponieważ dinozaur ten wyróżniał się niewielkim rogiem na nosie. Miał również charakterystyczną kryzę oraz pozbawiony przednich zębów pysk przypominający twardy dziób. Podstawą jego pożywienia były prawdopodobnie paprocie, sagowce i rośliny iglaste. Po raz pierwszy szczątki bagaceratopsa zostały odkryte w latach 70. XX wieku na pustyni Gobi przez ekspedycję złożoną z mongolskich i polskich naukowców.

10   365 dinozaurów

6 STYCZNIA

Bambiraptor

Bambiraptor był jednym z najmniejszych dinozaurów. Osiągał długość ok. 60 cm i wagę ok. 2 kg. Żył ok. 75 milionów lat temu. Prawdopodobnie był wytrawnym myśliwym, o czym świadczyć mają sierpowate szpony na stopach, podobne do tych, jakie posiadał welociraptor (służące zapewne do zadawania ciosów) oraz niezwykle ostre zęby. Podejrzewa się, że ofiarami bambiraptora mogły padać owady, niewielkie gady oraz ssaki. Dinozaur ten miał wiele cech szkieletu właściwych współczesnym ptakom, m.in. widełki obojczykowe i skostniały mostek. Długość ramion i dłoni zbliżona była również do długości, która przy jego gabarytach umożliwiałaby wzbicie się w powietrze. Badacze wierzą, że jego ciało pokryte było kolorowym upierzeniem. Szkielet bambiraptora został odkryty w 1995 roku przez 14-letniego Wesa Linstera.

Protozuch

Protozuch był jednym z pierwszych zwierząt zaliczanych do krokodyli. Jego nazwa *Protosuchus* znaczy „pierwszy krokodyl". Żył we wczesnej jurze. Osiągał długość ok. 1 m i wagę ok. 40 kg. Jego tułów pokrywał pancerz, a grzbiet przyozdabiały ułożone rzędami kostne płytki. Ten niezwykły czteronożny gad miał pięciopalczaste kończyny zakończone pazurami, a jego tylne łapy były dłuższe niż przednie. Sądzi się, że zwierzę to było wytrawnym biegaczem i pływakiem. Cechą charakterystyczną tego mięsożercy były również ostre jak sztylet zęby i niebywale silny ogon. Szkielet protozucha został odnaleziony w Arizonie w Stanach Zjednoczonych.

7 STYCZNIA

365 dinozaurów

8 STYCZNIA

Barapazaur

Barapazaur to czworonożny wczesnojurajski zauropod najprawdopodobniej z rodziny wulkanodonów. Ten roślinożerca osiągał długość ok. 18 m i wagę ok. 10 t. Charakteryzował się ogromną sylwetką, bardzo długą szyją i przystosowanymi do zrywania roślin płaskimi zębami. Aby zaspokoić swoje ogromne zapotrzebowanie na pożywienie, barapazaur nie tracił czasu na przeżuwanie go, lecz połykał w całości. Dopiero w żołądku liście były rozdrabniane przez połknięte przez niego wcześniej kamienie. Sześć niekompletnych szkieletów tego dinozaura zostało odkrytych w Dolinie Godavari w południowych Indiach. Niestety do tej pory nie odnaleziono czaszki ani kości stóp. Formalnego opisu dokonali w 1975 roku paleontolodzy w składzie: S.L. Jain, T.S. Kutty, T.K. Roy-Chowdhury i S. Chatterjee.

Barozaur

Barozaur był roślinożercą blisko spokrewnionym z diplodokami. Żył w jurze, ok. 150 milionów lat temu. Nazwa Barosaurus znaczy „ciężki jaszczur" i jest ściśle związana z rozmiarem tego dinozaura, który, kiedy stawał na tylnych łapach, osiągał prawdopodobnie wysokość pięciopiętrowego budynku. W tej pozycji zdobywał pożywienie z wysokich koron drzew lub machając ogonem i tupiąc, bronił się przed napastnikiem. Większą część długości jego ciała stanowił właśnie ogon oraz szyja zakończona niewielką, lekką głową. Zwierzę to zostało odkryte w latach 90. XIX wieku przez jednego

9 STYCZNIA

z najbardziej znanych amerykańskich paleontologów, Othniela C. Marsha wśród skał formacji Morrison w Stanach Zjednoczonych.

10 STYCZNIA

Barionyks

Barionyks był mięsożernym teropodem żyjącym w okresie kredy i osiągającym długość ok. 9 m. Nazwa tego dinozaura, wywodząca się z greki, oznacza „ciężki pazur" i odnosi się do pazura, w który zaopatrzony był pierwszy palec jego przednich kończyn. Barionyks cechował się również długą, płaską czaszką oraz długimi, wąskimi szczękami. Przypominały one szczęki krokodyla i zaopatrzone były w niezwykle liczne, drobne, ostre zęby. Skamieniałości barionyksa odkrył w 1983 roku w Surrey w Anglii paleontolog-amator, William Walker. Udało się odnaleźć ok. 70% szkieletu tego zwierzęcia.

Beipiaozaur

11 STYCZNIA

Beipiaozaur był rodzajem teropoda z nadrodziny terizinozauroidów żyjącym w okresie wczesnej kredy, ok. 125 milionów lat temu. Szacuje się, że mierzył ok. 2,2 m i ważył ok. 85 kg. Dinozaur ten charakteryzował się bezzębnym dziobem, zębami policzkowymi i ciałem pokrytym piórami. Wykazywał wiele cech właściwych współczesnym ptakom. Jego szczątki zostały odnalezione przez chińskich paleontologów w 1999 roku w prowincji Liaoning w Chinach, która znana jest z wykopalisk niewielkich dinozaurów i ptaków.

12 STYCZNIA

Bahariazaur

Bahariazaur był rodzajem dużego mięsożernego dinozaura. Osiągając długość ok. 12 m i ciężar ok. 6 t, gabarytami przypominał tyranozaura. Żył w okresie późnej kredy na terenie dzisiejszej Afryki. Jego nazwa pochodzi od formacji Baharija w Egipcie, czyli od miejsca, gdzie zostały odkryte jego szczątki. Została mu ona nadana w 1934 roku przez niemieckiego paleontologa Ernsta Stromera von Reichenbacha.

Bonitazaura

Bonitazaura to czworonożny roślinożerny dinozaur z grupy tytanozaurów, który osiągał długość ok. 9 m i wyróżniał się długą szyją i długim ogonem. Odkryto jedynie jego fragmentaryczny szkielet m.in. żuchwę z zębami, która wskazuje, że bonitazaura wyróżniał się kwadratową czaszką.

13 STYCZNIA

Dinozaur ten został odnaleziony w 2004 roku przez paleontologów z Argentyńskiego Muzeum Nauki Naturalnej. Swoją nazwę zawdzięcza nazwie kamieniołomu – La Bonita w formacji Bajo de la Carpa – w którym został odkryty. Zwierzę to wyginęło ok. 100 milionów lat temu.

14 STYCZNIA

Awaceratops

Awaceratops był roślinożernym dinozaurem występującym w okresie kredy na terenie dzisiejszej Ameryki Płn. Posiadał charakterystyczną kostną kryzę i pysk przyozdobiony krótkim rogiem, który służył do odpierania ataku mięsożernych dinozaurów. Awaceratops osiągał długość ok. 2 m i wysokość ok. 1 m. Ten stosunkowo niewielki wzrost prawdopodobnie ograniczał zakres jego pożywienia do nisko-piennych roślin. Niektórzy naukowcy uważają, że zwierzę to zamieszkiwało prerię i prowadziło stadny tryb życia. Szkielet awaceratopsa odnaleziono w 1981 roku w Montanie w Stanach Zjednoczonych.

Brachyceratops

Brachyceratops był czworonożnym roślinożernym dinozaurem z okresu kredy. Osiągał długość ok. 2 m. Posiadał kostną kryzę chroniącą szyję oraz trzy rogi: jeden większy nieco zakrzywiony na nosie i dwa mniejsze nad oczodołami. Szczątki brachyceratopsa zostały po raz pierwszy odkryte w 1914 roku przez Charlesa W. Gilmore'a na terenie stanu Montana w Stanach Zjednoczonych. Skamieniałości znaleziono

15 STYCZNIA

również w kanadyjskiej prowincji Alberta. Żaden ze szkieletów nie był jednak kompletny i wszystkie należały do młodocianych osobników.

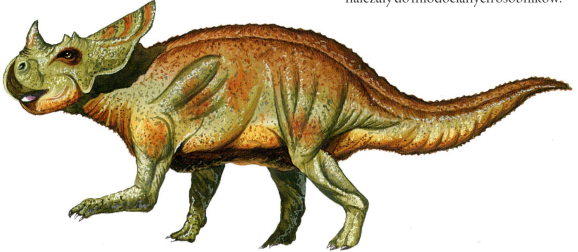

16 STYCZNIA

Brachylofozaur

Brachylofozaur był jednym z najbardziej niezwykłych kaczodziobych dinozaurów. Żył w okresie późnej kredy, ok. 75 milionów lat temu. Znaczenie jego nazwy to „krótkogrzebieniasty jaszczur", co znajduje odzwierciedlenie w jego wyglądzie. Dinozaur ten oprócz grzebienia cechował się również przypominającym niewielką tarczę płaskim guzem, umieszczonym na czole, oraz grubym spłaszczonym dziobem. Zwierzę to było roślinożerne. Jego szczątki zostały odkryte w stanie Montana w Stanach Zjednoczonych oraz w prowincji Alberta w Kanadzie. Opis przedstawił w 1953 roku Charles Sternberg.

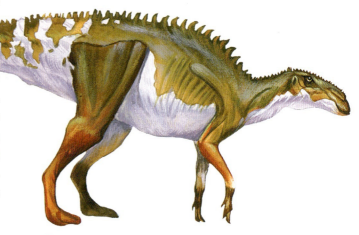

Brachytrachelopan

Brachytrachelopan był zauropodem żyjącym w okresie późnej jury. Mierzył ok. 10 m i był roślinożerny. Jego niezwykła nazwa – „pastuszek o krótkiej szyi" – wywodzi się od okoliczności, w których szczątki tego dinozaura zostały odnalezione w Ameryce Płd. Odkrycia dokonał bowiem człowiek, który wypasał owce.

17 STYCZNIA

18 STYCZNIA

Tur

Tury były przodkami bydła domowego. Zamieszkiwały Europę, Środkowy Wschód i Azję. Obecnie jest to gatunek wymarły, ponieważ człowiek polował na niego i sukcesywnie dziesiątkował jego liczebność. Dzikie tury miały znacznie większe gabaryty od dzisiejszego bydła, przy czym samce były większe od samic i szczyciły się bardzo długimi zakrzywionymi rogami. Waga tych zwierząt oscylowała pomiędzy 600 kg a 1 t. Żyły one w niewielkich stadach dowodzonych przez jednego osobnika. W pary łączyły się najprawdopodobniej na jesieni, a ciąża, podobnie jak u bydła, trwała ok. 9 miesięcy. Na początku XX wieku czyniono próby odtworzenia stada turów, wykorzystując w tym celu prymitywne rasy bydła, takie jak szkocka rasa wyżynna. Eksperyment ten zakończył się tylko częściowym sukcesem.

Kamarazaur

Kamarazaur lub inaczej „jamisty jaszczur" zawdzięcza swoją nazwę pustym kręgom, które miały zmniejszyć wagę jego długiego kręgosłupa. Ten olbrzymi jarosz żył w późnej jurze, ok. 150-145 milionów lat temu. Charakteryzował się długą szyją i długim ogonem oraz zębami o łyżeczkowanym kształcie. Dowiedziono, że prowadził stadny tryb życia, który mógł mieć na celu ochronę młodych.

19 STYCZNIA

Najbardziej efektywnym mechanizmem obronnym kamarazaura przed atakiem drapieżników, takich jak np. allozaur, był oczywiście jego rozmiar.

20 STYCZNIA

Kaudipteryks

Kaudipteryks był niewielkim, wielkością przypominającym indyka dinozaurem. Żył na przełomie jury i kredy, ok. 140 milionów lat temu. Miał przysadzistą sylwetkę oraz długie nogi pozwalające na szybki bieg. Jego ogon i kończyny przednie były wprawdzie opierzone, ale krótkie i symetryczne pióra wskazują, że nie był przystosowany do lotu. Zwierzę to było prawdopodobnie wszystkożerne i połykało pokarm bez przeżuwania go. Dopiero w żołądku pożywienie było rozdrabniane przez połknięte wcześniej kamienie. Istnieje hipoteza, że kaudipteryks był przodkiem współczesnych ptaków.

Kamptozaur

Kamptozaur był roślinożernym ornitopodem podobnym do iguanodona, żyjącym w okresie późnej jury. Osiągał długość 5-7 m i wagę ok. 1 t. Miał długi pysk, liczne zęby policzkowe oraz rogowy dziób. Jego stopy zaopatrzone były w cztery, a dłonie w pięć palców,

21 STYCZNIA

przy czym wszystkie kończyny posiadały kopytka. Zwierzę to prawdopodobnie prowadziło stadny tryb życia. Jego szczątki odnalaziono w stanie Utah w Stanach Zjednoczonych. Opis w 1885 roku przedstawił paleontolog Othniel C. Marsh.

22 STYCZNIA

Karcharodontozaur

Karcharodontozaur był ogromnym mięsożernym dinozaurem, który żył w okresie kredy, ok. 110-90 milionów lat temu. Miał przysadzistą sylwetkę, ciężkie kości i ogon. Jego przednie kończyny były krótkie, trójpalczaste i zaopatrzone w ostre pazury. Rozmiar czaszki dorównywał wielkością rozmiarowi człowieka, a ogromne silne szczęki wypełnione były długimi i niezwykle ostrymi zębami. Pierwsze szczątki karcharodontozaura odkryli w 1927 roku C. Depret i J. Savornin, a opisał go w 1931 roku Ernst Stromer von Reichenbach. W 1996 roku w Afryce Paul Sereno i jego ekipa natrafili na kolejny okaz wielkością przewyższający ten odkryty wcześniej.

Karnotaur

Karnotaur był dużym, dwunożnym dinozaurem z rodziny abelizaurów. Po obu stronach jego niewielkiej głowy nad oczodołami wyrastał pojedynczy gruby róg. Zwierzę to charakteryzowało się również długim cienkim ogonem oraz niezwykle krótkimi przednimi kończynami, które sprawiały wrażenie, że jego dłonie wyrastają prosto z ramion. Dinozaur ten zamieszkiwał dzisiejszą Argentynę ok. 100 milionów lat temu. Jego pożywienie stanowiły praw-

23 STYCZNIA

dopodobnie młode roślinożerne dinozaury. Jedyny szkielet karnotaura został znaleziony w Patagonii i opisany przez argentyńskiego paleontologa Jose Bonapartego. Karnotaur skamieniał w mulistym podłożu, więc doskonale zachowała się faktura jego skóry.

24 STYCZNIA

Dinofelis

Ten wymarły rodzaj kotowatych rozmiarem dorównywał dużej panterze lub niewielkiemu lwu. Zamieszkiwał leśne tereny Eurazji, Afryki i Ameryki Płn. ok. 1,2 miliona lat temu. Jego budowa oraz sposób polowania przypominały sylwetkę i zachowanie jaguara. Kształt kłów dinofelisa umiejscawia go między współczesnymi kotowatymi a prawdziwymi kotami szablastozębnymi, jak smilodon. Ofiarami dinofelisa padały m.in. młode mamuty, mastodonty i homo habilis, który był w prostej linii praprzodkiem gatunku homo sapiens. Stopniowe zanikanie lasów, stanowiących naturalne środowisko dinofelisa, mogło przyczynić się do jego wyginięcia na początku epoki lodowcowej. Jego szczątki zostały odkryte w Afryce.

Centrozaur

Centrozaur należał do rodziny ceratopsów, do której zaliczamy także m.in. niewielkiego brachyceratopsa oraz znacznie większego monokloniusa czy pachyrinozaura. Centrozaur charakteryzował się pojedynczym, umiejscowionym na czubku nosa,

25 STYCZNIA

zakrzywionym do przodu rogiem oraz pofalowaną kostną kryzą z prześwitem w środku. Nogi tego zwierzęcia były grube i zaopatrzone w niewielkie podkówki, jak te u nosorożca. Kończyny tylne miały cztery, a przednie pięć palców. Centrozaur mógł się również pochwalić silnymi mięśniami szczęk, pozwalającymi na miażdżenie twardego pożywienia.

26 STYCZNIA

Ceratozaur

Ceratozaur był silnym dwunożnym drapieżnikiem osiągającym od 4,5 do 6 m długości oraz ważącym od 0,5 do 1 t. Nazwa Ceratosaurus znaczy „rogaty jaszczur" i związana jest z krótkim rogiem na jego pysku. Zwierzę to charakteryzowało się przysadzistą sylwetką, masywnym ogonem oraz krótkimi kończynami przednimi z czteropalczastymi dłońmi, które zakończone były ostrymi pazurami. Miało również mocną szyję w kształcie litery s i silne szczęki zaopatrzone w długie ostre zęby. Ceratozaur żył w okresie późnej jury. Jego szczątki zostały odnalezione w stanie Utah i Kolorado w Stanach Zjednoczonych. W 1884 roku Othniel C. Marsh opisał gatunek o nazwie Ceratosaurus nasicornis, który Charles W. Gilmore redefiniował w 1920 roku.

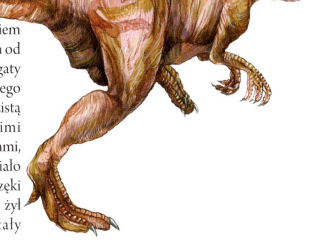

Cetiozaur

27 STYCZNIA

Ten czworonożny zauropod żył w okresie jury, ok. 180-170 milionów lat temu. Zamieszkiwał obszar dzisiejszej Europy i Afryki i osiągał długość ok. 18 m. Nazwa Cetiosaurus znaczy „wielorybi jaszczur". Cetiozaur miał bardzo długą szyję, która długością dorównywała długości tułowia i jeszcze dłuższy, składający się z co najmniej 40 kręgów, ogon. Kości jego grzbietu, w odróżnieniu od lekkich kości bardziej rozwiniętych zauropodów jak brachiozaur, były ciężkie i prymitywne, a kość przedramienia niemal równa kości ramieniowej. Jego skamieniałości zostały znalezione w Anglii i Maroku.

365 dinozaurów

28 STYCZNIA

Chasmozaur

Chasmozaur był rogatym roślinożernym ceratopsem należącym do dinozaurów ptasiomiednicznych. Osiągał on długość 5-8 m i wagę ok. 3,5 t. Cechy charakterystyczne tego zwierzęcia to: krótki szeroki róg umieszczony na nosie tuż nad przypominającym papuzi dziobem, dwa skierowane ku tyłowi rogi umieszczone nad oczodołami oraz wyrastająca z tyłu głowy ogromna kostna kryza. Chasmozaur miał również dużą czaszkę, silne nogi z przypominającymi kopytka pazurami, masywną sylwetkę oraz krótki ogon. Wyglądem przypominał współczesnego nosorożca i najprawdopodobniej również w ten sam sposób, szarżując w kierunku napastnika, bronił się przed wrogiem. Sądzi się, że jego dietę stanowiły palmy i inne prehistoryczne rośliny, które rozrywał swoim mocnym dziobem. Mógł je również przeżuwać, używając w tym celu zębów policzkowych. Chasmozaur uważany jest, podobnie jak pozostałe ceratopsy, za zwierzę stadne. Hipotezę tę potwierdza odkrywanie wielu kości tego samego gatunku w jednym miejscu. Okres występowania chasmozaura przypada na późną kredę, ok. 70 milionów lat temu. Wśród współczesnych mu dinozaurów możemy wymienić tyranozaura oraz ankylozaura. Szczątki chasmozaura zostały odnalezione przez Charlesa Sternberga w prowincji Alberta w Kanadzie. Jego skamieniałości odkryto również m.in. w stanie Teksas w Stanach Zjednoczonych. Chasmozaur został opisany przez kanadyjskiego paleontologa Lawrence'a Lambe w 1914 roku.

29 STYCZNIA

Achillobator

Achillobator to teropod z rodziny dromeozaurów, który żył w okresie późnej kredy, ok. 90 milionów lat temu, na terenie obecnej Mongolii. Jego nazwa pochodzi od imienia Achillesa – postaci z mitologii greckiej, słynnego wojownika oraz mongolskiego słowa bator oznaczającego właśnie „wojownik", „bohater". Achillobator osiągał długość 4,5-6 m. Uważa się, że był dwunożnym drapieżnikiem zabijającym swoje ofiary dużym sierpowatym pazurem, w który zaopatrzony był drugi palec każdej z jego stóp. Skamieniałości achillobatora zostały po raz pierwszy odkryte w 1989 roku.

30 STYCZNIA

Elasmoterium

Elasmoterium to ogromny czworonożny nosorożec, który żył na stepach Eurazji przez miliony lat (od ok. 5 do ok. 1,6 miliona lat temu). Osiągał on średnio 2 m wysokości oraz 6 m długości. Z czoła elasmoterium wyrastał pojedynczy dwumetrowy róg z szeroką podstawą i wąską, ostrą końcówką. Zwierzę to było roślinożerne i żywiło się głównie trawą.

365 dinozaurów

31 STYCZNIA

Egiptozaur

Nazwa *Aegyptosaurus* oznacza „egipskiego jaszczura" i odnosi się do kraju, w którym ten ogromny, czworonożny, roślinożerny zauropod został odnaleziony. Podejrzewa się, że żył on na terenie dzisiejszej Afryki w okresie kredy, ok. 95 milionów lat temu. Osiągał długość ok. 15 m, wysokość ok. 5 m i wagę ok. 11 t. Mógł się poszczycić długą szyją zakończoną niewielką głową oraz długim ogonem, który prawdopodobnie spełniał funkcję przeciwwagi dla masy ciała. Egiptozaur był blisko spokrewniony z dużo większym od siebie argentynozaurem, zamieszkującym obszar dzisiejszej Ameryki Płd. Jego wrogami były natomiast mięsożerne dinozaury, takie jak: karcharodontozaur i spinozaur. Egiptozaur został odkryty i opisany przez niemieckiego paleontologa Ernsta Stromera. Wszystkie skamieniałości zostały odkryte na terenie Sahary przed 1939 rokiem. Znaleziono m.in. kilka kręgów ogonowych i kości kończyn, które zostały przewiezione do muzeum w Monachium. Niestety w 1944 roku w czasie II wojny światowej uległy zniszczeniu.

Luty

1 LUTEGO

Latimeria

Latimeria to duża ryba, która po raz pierwszy pojawiła się ponad 350 milionów lat temu. Do tej pory przetrwała jednak w stosunkowo niezmienionej formie, zyskując sobie przydomek „żyjąca skamieniałość". Latimeria osiąga długość 2 m i wagę 90 kg. Jej najciekawszą cechą zewnętrzną są dwie symetryczne płetwy wyrastające bliżej ogona, które poruszają się naprzemiennie i przywodzą na myśl tylne kończyny. Dzięki zawiasowemu połączeniu kości czaszki ryba ta jest również w stanie otworzyć swój otwór gębowy tak, aby złapać dużą ofiarę. Latimeria jest nieuchwytna, ponieważ żyje na bardzo dużych głębokościach – do 700 m pod powierzchnią wody. Szacuje się, że może osiągać wiek 60, a nawet więcej lat.

Animantarks

2 LUTEGO

Animantarks był przedstawicielem rodziny nodozaurów, który osiągał długość ok. 3 m i żył w okresie kredy na zachodnich terenach dzisiejszej Ameryki Płn. Jego nazwa powstała z połączenia dwóch łacińskich wyrazów: animatus („żyjący") i arx („forteca"), co stanowi nawiązanie do pancerza, który pokrywał ciało zwierzęcia. Charakteryzował się on również niewielkimi umiejscowionymi po bokach ciała za głową rogami. Szczątki animantarksa zostały odnalezione na terenie stanu Utah w Stanach Zjednoczonych.

3 LUTEGO

Ankylozaur

Ankylozaur był ogromnym pancernym dinozaurem, który osiągał długość 7,5-10 m, szerokość ok. 2 m, wysokość ponad 1 m oraz wagę ok. 4 t. Żył w okresie późnej kredy, ok. 70 milinów lat temu. Było to zwierzę roślinożerne, z przystosowanym do tego typu pożywienia uzębieniem. Jego głowa, grzbiet oraz ogon chronione były grubym pancerzem, którego brzegi okalały kolce. Posiadał również wyrastające z tyłu głowy rogi oraz ogon zakończony skostniałą maczugą. Ankylozaur został opisany przez amerykańskiego paleontologa Barnuma Browna w 1908 roku. Odnaleziono trzy prawie kompletne szkielety w kanadyjskiej prowincji Alberta oraz w Wyoming i Montanie w Stanach Zjednoczonych.

Andezaur

Andezaur był prymitywnym przedstawicielem grupy tyranozaurów, żyjącym w okresie kredy na terenach dzisiejszej Ameryki Płd. Jak większość zauropodów charakteryzował się długą szyją zwieńczoną niewielką głową oraz długim ogonem. Nazwę w 1991 roku nadali mu pa-leontolodzy: Jorge Calvo i Jose Bonaparte. Nawiązuje ona do Andów, w pobliżu których

4 LUTEGO

zostały znalezione jego szczątki oraz do greckiego słowa sauros oznaczającego „jaszczurkę". Skamieniałości andezaura zostały odkryte w Candeleros, najstarszej formacji w prowincji Neuquen w Argentynie, przez Alejandro Delgado, stąd też jedyny znany gatunek andezaura nosi nazwę *Andesaurus delgadoi*.

365 dinozaurów

5 LUTEGO

Antarktopelta

Antarktopelta była roślinożernym dinozaurem zamieszkującym Antarktydę w okresie późnej kredy. Jej szczątki zostały odkryte na Wyspie Rossa w 1986 roku. Był to pierwszy dinozaur, jakiego kiedykolwiek odnaleziono na tym kontynencie.

Chociaż szkielet nie był kompletny, szacuje się, że antarktopelta mogła osiągać długość ok. 4 m, a jej silnie skostniała czaszka i pokrywający ciało pancerz stanowiły mechanizmy obronne przed drapieżnikami.

Antarktozaur

Nazwa *Antarctosaurus* oznacza „południowego jaszczura" i odwołuje się do jego pochodzenia z półkuli południowej, gdzie żył w okresie późnej kredy, ok. 80 milionów lat temu. Zwierzę to było prawdziwym olbrzymem w świecie dinozaurów. Osiągało długość równą dwóm autobusom, ważyło dziesięć razy więcej niż słoń, a wzrostem trzykrotnie prze-

6 LUTEGO

wyższało człowieka. Sama kość udowa była wyższa od drzwi. Antarktozaur posiadał również długi ogon, długą szyję i masywne biodra. Jedynie głowa tego roślinożercy, w porównaniu z resztą ciała, była niewielka. Jego skamieniałości zostały odnalezione w różnych częściach Ameryki Płd.

7 LUTEGO

Antetonitrus

Antetonitrus jest najstarszym poznanym zauropodem. Żył w okresie późnego triasu na terenach dzisiejszej południowej Afryki, a jego nazwa pochodzi od dwóch łacińskich słów: ante- („przed") i tonitrus („grzmot"). Ten czworonożny rośli-nożerca osiągał długość ok. 10 m i wagę ok. 2 t. Jego skamieniałości zostały odnalezione w 1981 roku przez paleontologa J.W. Kitchinga w prowincji Free State w RPA i przewiezione do Instytutu Bernarda Price'a. Szczątki obejmowały kręgi oraz liczne kości zarówno przednich, jak i tylnych kończyn. Antetonitrus został opisany w 2003 roku przez australijskiego paleontologa Adama Yatesa.

Apatozaur

8 LUTEGO

Apatozaur był ogromnym rośli-nożernym zauropodem, który żył ok. 150 milionów lat temu na zachodzie dzisiejszych Stanów Zjednoczonych. Najprawdopodobniej żerował w lasach, używając swojej długiej szyi do zrywania liści z koron drzew. Był jednym z największych zwierząt lądowych, jakie kiedykolwiek istniały. Mógł osiągać długość dochodzącą do 35 m. Skamieliny apatozaura odnaleziono w stanach Wyoming, Utah i Oklahoma w Stanach Zjednoczonych.

365 dinozaurów

9 LUTEGO

Anserimim

Anserimim należał do rodziny ornitomimów, nadrodziny ornitomimozaurów. Jego najbliższym krewnym był najprawdopodobniej gallimim. Anserimim żył w okresie późnej kredy na terenie dzisiejszej Mongolii. Był zwierzęciem zdolnym do szybkiego biegu i najprawdopodobniej wszystkożernym. Jego szczątki zostały odkryte w latach 70. XX wieku w formacji Nemegt w Mongolii podczas sowiecko-mongolskiej ekspedycji na pustynię Gobi. Odnaleziono jeden niekompletny szkielet (bez czaszki). Najlepiej zachowały się kości ramion i stóp. Nazwa tego dinozaura została zaproponowana w 1988 roku przez mongolskiego paleontologa Rinchena Barsbolda i jest połączeniem dwóch słów: łac. *anser* („gęś") oraz gr. *mimos* („naśladować, udawać"). Jedyny znany gatunek anserimima nosi nazwę *Anserimimus planinychus*. Pochodzi ona od słów: łac. *planus* („płaski") i gr. *onychos* („pazur"), i nawiązuje do charakterystycznych spłaszczonych pazurów.

Aralozaur

Aralozaur, czyli jaszczur aralski, był kaczodziobym dinozaurem żyjącym w okresie późnej kredy. Rekonstrukcja jego wyglądu została dokonana na podstawie niekompletnej czaszki (bez przedniej części pyska i żuchwy), ponieważ szkieletu nie odnaleziono. Aralozaur cechował się wydatnym haczykowatym wyrostkiem umiejscowionym powyżej dużych otworów nosowych oraz silną górną szczęką. Podobnie jak inne dinozaury kaczodziobe wykształcił również złożone uzębienie, które służyło do szatkowania i żucia roślinnego pożywienia.

10 LUTEGO

11 LUTEGO

Archeopteryks

Archeopteryks był latającym mięsożernym dinozaurem, który żył w okresie późnej jury, ok. 150-145 milionów lat temu. Osiągał długość ok. 50 cm, a jego ciało pokrywały pióra. Chociaż wyglądem przypominał ptaka, posiadał jednak wiele cech, których u współczesnych ptaków nie znajdziemy. Były to chociażby ostre zęby i trzy zakończone pazurami palce na przednich kończynach. Pierwsze skamieliny archeopteryksa zostały odnalezione w 1860 roku w Niemczech. W tym samym roku niemiecki paleontolog Christian E. Hermann von Meyer nadał mu nazwę.

12 LUTEGO

Meiolania

Meiolania była rodzajem największego żółwia lądowego. Zamieszkiwała tereny dzisiejszej Ameryki Płd., Australii oraz Azji i wyginęła ok. 2000 lat temu. To roślinożerne stworzenie osiągało nawet 2,5 m długości, a jego cechą charakterystyczną była czaszka pokryta przypominającymi wyrostki i rogi wzniesieniami, której szerokość dochodziła do 60 cm. Również ogon chroniony był opancerzonymi pierścieniami i kolcami. Początkowo skamieliny meiolanii uznano za pozostałości dużego warana i w ten sposób zyskała ona swoją nazwę.

365 dinozaurów

13 LUTEGO

Argentynozaur

Ten roślinożerny zauropod był jednym z największych i najcięższych zwierząt lądowych, jakie kiedykolwiek pojawiły się na świecie. Jego waga mogła dochodzić do 90 t, a długość ciała do 37 m. Żył w okresie kredy na terenie dzisiejszej Ameryki Płd., kiedy wszystkie ze spokrewnionych z nim bardziej znanych dinozaurów, zamieszkujących półkulę północną w okresie jury, np. apatozaur, dawno już wyginęły. Argentynozaur szczycił się niezwykle długą szyją, która zwieńczona była niewielką trójkątną głową. Mięśnie jego grzbietu były silne, a olbrzymie kręgi mogły osiągać rozmiar nawet 1,5 m x 1,5 m. O jego istnieniu dowiedziano się w 1988 roku, kiedy argentyński rolnik odnalazł kość piszczelową tego olbrzyma, biorąc ją początkowo za kawał drewna.

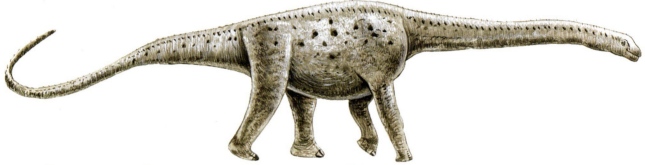

Andrewsarchus

Andrewsarchus był największym mięsożernym ssakiem lądowym, jaki kiedykolwiek zamieszkiwał naszą planetę. Osiągał on wysokość ok. 1 m i długość 5 m. Żył 60-32 miliony lat temu. Charak-

14 LUTEGO

teryzował się długim pyskiem z dużymi ostrymi zębami. Płaskie zęby policzkowe mogły natomiast służyć do miażdżenia kości. Andrewsarchus został nazwany na cześć znanego odkrywcy i paleontologa Roya Chapmana Andrewsa prowadzącego ekspedycję, podczas której odkryto ogromną czaszkę i kawałki kości tego zwierzęcia.

15 LUTEGO

dzięki niemu powstała nazwa systematyczna gatunku *Argyrosaurus superbus* znacząca „wspaniała jaszczurka argentyńska".

Argyrozaur

Argyrozaur był ogromnym, osiągającym długość ok. 20 m tytanozaurem. Rozmiarami mógł dorównywać apatozaurowi, ale charakteryzował się masywniejszą sylwetką, krótszą szyją i dużo krótszym ogonem. Był zwierzęciem stadnym. W 1893 roku brytyjski paleontolog Richard Lydekker opublikował pierwszy opis zauropodów z Ameryki Płd., które zostały odkryte na terenie Patagonii w Argentynie. To

Aristozuch

Aristozuch był niewielkim celurozaurem dzielącym wiele cech z ptakami. Ten dwunożny drapieżny teropod mógł osiągać długość ok. 2 m i wagę ok. 30 kg. Żył w okresie wczesnej kredy, ok. 125 milionów lat temu. Jego szczątki (kość krzyżową, łonową, udową oraz kilka kręgów) odnaleziono na Wyspie Wight w Anglii. Aristozuch wyglądem i wielkością przypominał swojego bliskiego krewnego kompsognata. Był również mylony z kalamospondylem.

16 LUTEGO

365 dinozaurów

17 LUTEGO

Arhinoceratops

Ten roślinożerny dinozaur żył w okresie późnej kredy. Jego nazwa rodzajowa *Arrhinoceratops* znaczy „twarz pozbawiona rogu nosowego" i rzeczywiście nad nozdrzami możemy zaobserwować jedynie niewielką kostną narośl. Dwa duże rogi ozdabiają natomiast czoło, a z tyłu czaszki wyrasta szeroka kostna kryza. Arhinoceratops żywił się paprociami, sagowcami i roślinami iglastymi. Jego szczątki (niekompletna czaszka pozbawiona żuchwy) zostały odkryte w 1923 roku nad rzeką Red Deer w kanadyjskiej prowincji Alberta podczas ekspedycji zorganizowanej przez Uniwersytet w Toronto. Opisu dokonał w 1925 roku kanadyjski paleontolog William Parks.

18 LUTEGO

Astrodon

Astrodon był dużym roślinożernym dinozaurem z długą szyją, który żył we wczesnej kredzie, ok. 130--95 milionów lat temu. Jego szczątki, a właściwie dwa zęby zostały odkryte w 1859 roku w stanie Maryland w Stanach Zjednoczonych. Był to pierwszy zauropod, jakiego udało się odnaleźć na terenie Ameryki Płn. W 1865 roku został on opisany i nazwany przez Josepha Leidy. Jego nazwa odnosi się do wyglądu podstawowej tkanki zęba – zębiny w przekroju i można tłumaczyć ją jako „gwiezdny ząb".

19 LUTEGO

Atlaskopkozaur

Atlaskopkozaur był niewielkim dinozaurem z rodziny hipsylofodontów. Zamieszkiwał południowo-wschodnią Australię w okresie wczesnej kredy, kiedy pomiędzy dzisiejszą Australią i Antarktydą zaczynała pojawiać się szczelina zwiastująca późniejsze oddzielenie się tych kontynentów. Pod względem roli, jaką odgrywał w ekosystemie, tego zwinnego dwunożnego jarosza możemy porównać do współczesnej leśnej antylopy lub walabii. Szczątki atlaskopkozaura zostały odnalezione pod koniec lat 80. XX wieku w stanie Wiktoria w Australii. Dinozaur ten został opisany w 1989 roku przez dr Toma Richa i dr Patricię Vickers-Rich, którzy prowadzili wykopaliska. Nadana mu nazwa upamiętnia firmę Atlas Copco, która dostarczyła potrzebny do prowadzenia wykopalisk sprzęt.

20 LUTEGO

Aublysodon

Nazwa Aublysodon znaczy „skierowany do tyłu ząb" i odnosi się do niespotykanego kształtu uzębienia tego mięsożernego dinozaura. Została mu ona nadana w 1868 roku przez paleontologa Josepha Leidy. Ząb aublysodona został znaleziony w formacji Judith River w stanie Montana w Stanach Zjednoczonych. Wielu paleontologów podchodziło do tego okrycia sceptycznie, ponieważ według nich pojedynczy ząb mógł należeć do innego, poznanego już wcześniej dinozaura. W końcu tajemnica wyjaśniła się, kiedy w Montanie odnaleziono niekompletną czaszkę tego zwierzęcia. Wskazywała ona na wydłużony pysk i charakterystyczny uskok w dolnej szczęce. Wiadomo również, że aublysodon był powszechny na terenie obecnych Stanów Zjednoczonych, ponieważ jego zęby odkryto w wielu stanach.

21 LUTEGO

Bruhatkajozaur

Bruhatkajozaur był jednym z najcięższych dinozaurów. Mógł osiągać wagę nawet 130 t. Żył w okresie późnej kredy, ok. 70 milionów lat temu. Jego szczątki odnaleziono w formacji Kallamedu w stanie Tamil Nadu na południu Indii. Znajdowały się wśród nich kości biodra, kość piszczelowa oraz kość przedramienia.

Buitreraptor

Buitreraptor, którego nazwa znaczy „sępdrapieżnik", był drapieżnym dinozaurem wielkości koguta należącym do rodziny dromeozaurów.

22 LUTEGO

Zamieszkiwał dzisiejszą Amerykę Płd. ok. 90 milionów lat temu. Cechami charakterystycznymi tego zwierzęcia był długi pysk oraz drobne gładkie zęby, skąd naukowcy wywnioskowali, że w odróżnieniu od innych przedstawicieli jego rodziny polował jedynie na małe zwierzęta, takie jak jaszczurki i ssaki. Jego szczątki zostały odnalezione w Argentynie.

23 LUTEGO

Abelizaur

Abelizaur był teropodem z rodziny abelizaurów żyjącym w późnej kredzie, ok. 83-80 milionów lat temu. Jedyną odnalezioną częścią jego szkieletu jest niekompletna czaszka. Ten dwunożny mięsożerca osiągał prawdopodobnie 7-9 m długości i charakteryzował się dużą głową, zaokrąglonym pyskiem oraz stosunkowo małymi zębami. Uważa się, że z dosyć krótkimi ramionami i dwunożną postawą abelizaur przypominał tyranozaura w pomniejszonej skali. Różnicę stanowiły duże otwory w czaszce zwane „oknami" i umieszczone powyżej szczęk. Możliwe, że ich zadaniem było obniżenie masy dużej głowy zwierzęcia, która w innym przypadku mogłaby przeciążyć całe ciało. Abelizaur został opisany w 1985 roku przez argentyńskich paleontologów Jose Bonapartego i Fernando Novasa.

Abriktozaur

Ten dwunożny roślinożerny dinozaur z rodziny heterodontozaurów należał do dinozaurów ptasiomiednicznych. Zwierzę to żyło w okresie wczesnej jury, osiągając długość ok. 1,2 m i wagę ok. 43 kg. Charakteryzowało się długim ogonem oraz zębami o wysokiej koronie. W odróżnieniu od innych heterodontozaurów żuchwa abriktozaura pozbawiona była kłów. Szkielet i czaszka zwierzęcia zostały odnalezione w Lesotho w RPA.

24 LUTEGO

Nazwę nadał mu w 1975 roku paleontolog J.A. Hopson.

25 LUTEGO

Byronozaur

Byronozaur był przedstawicielem rodziny troodonów i jako pierwszy troodon posiadał zęby bez piłkowanych krawędzi. Ten niewielki i zwinny dinozaur żył w późnej kredzie, ok. 76-70 milionów lat temu, osiągając długość ok. 1,5 m, wysokość ok. 50 cm oraz wagę ok. 4 kg. Szczątki pierwszego byronozaura zostały znalezione w 1993 roku na pustyni Gobi w Mongolii. Drugi szkielet odkryto w pobliżu tego miejsca w 1996 roku. Byronozaur uważany jest za niezwykle inteligentnego dinozaura. Jego nazwa pochodzi od imienia Byrona Jaffe, którego rodzina wspierała rozwój paleontologii w Mongolii.

Akantofolis

Akantofolis żył w okresie wczesnej kredy, ok. 100 milionów lat temu, osiągając długość 3-5,5 m i wagę ok. 380 kg. Ciało tego roślinożernego dinozaura chronił zbudowany z owalnych elementów pancerz z kolcami wyrastającymi na szyi, w okolicy ramion i na ogonie. Częściowe skamieliny akantofolisa zostały odnalezione w Anglii. Nazwę w 1865 roku nadał mu brytyjski biolog Thomas H. Huxley.

26 LUTEGO

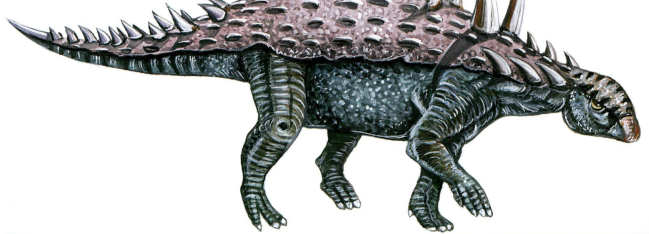

27 LUTEGO

Kamptozaur

Kamptozaur był dużym roślinożernym dinozaurem żyjącym na przełomie jury i kredy. Osiągał długość ok. 6 m. Jego nazwa oznacza „wygięta jaszczurka" i odnosi się do kształtu sylwetki przypominającej łuk. Zwierzę to charakteryzowało się wydłużoną czaszką zakończoną dziobem, licznymi zębami policzkowymi oraz dużym żołądkiem. Wszystkie te cechy ułatwiały mu zdobywanie i przyjmowanie ogromnych ilości pożywienia. Kamptozaur został opisany przez Othniela C. Marsha w 1879 roku.

Akrokantozaur

Akrokantozaur był jednym z największych teropodów. Osiągał długość do 12 m, masę ok. 2,4 t i wysokość ok. 6 m. Jako mięsożerca posiadał bardzo ostre zęby i pazury, które służyły do rozrywania zdobyczy. Pomimo drapieżnej natury nie był natomiast, jak się uważa, dobrym biegaczem. Cechą charakterystyczną akrokantozaura była przypo-

28 LUTEGO

minająca żagiel fałda skóry, która biegła wzdłuż grzbietu. Według wielu naukowców służyła ona do kontrolowania temperatury ciała, ponieważ zwierzę to było zmiennocieplne.

365 dinozaurów

29 LUTEGO

Mamutak

Mamutak to wymarły nielot z rodziny mamutaków. Ptak ten uważany jest za największego, jaki kiedykolwiek żył na Ziemi. Mógł on mierzyć nawet 3 m i ważyć ok. 500 kg. Znosił również ogromne jaja, które osiągały długość do 33 cm, a objętość płynu wypełniającego ich wnętrze wynosiła ok. 8 litrów. Mamutak zamieszkiwał Madagaskar. Uważa się, że ten ogromny nielot mógł wyginąć dopiero w 1649 roku, ale przyczyny nie są do końca znane. Najbardziej prawdopodobna jest teza, że to tubylcy, którzy spożywali zawartość jaj, a skorupy wykorzystywali do tworzenia ornamentów, spowodowali wymarcie mamutaków.

1 MARCA

Bandik świnionogi

Bandik świnionogi był niewielkim stworzeniem zamieszkującym Australię. Osiągał on długość ok. 23-26 cm, a jego ogon mierzył ok. 10-15 cm. Zwierzę to cechowało się szorstką rudą sierścią, dosyć zwartą sylwetką, spiczastym ryjkiem oraz uszami podobnymi do uszu królika. Posiadało również długie i chude kończyny, których stopy zaopatrzone były w kopytka.

Steropodon

2 MARCA

Steropodon był jajorodnym ssakiem, którego potomkami są prawdopodobnie obecnie żyjące dziobaki i kolczatki australijskie. Ten prehistoryczny stekowiec należał do rodziny *Steropodontidae*. Żył we wczesnej kredzie na terenach dzisiejszej Australii, osiągając długość ok. 50 cm. Uważa się, że zwierzę to było wszystkożerne i żywiło się owadami, mięczakami oraz być może małymi gadami. Jego dietę mogły również urozmaicać jaja nie-wielkich dinozaurów. Steropodon zachował kilka cech właściwych gadom, jak np. składanie jaj, ale karmił swoje młode mlekiem jak typowy ssak.

3 MARCA

Wilk workowaty

Wilk workowaty powszechnie znany również jako tygrys tasmański lub wilk tasmański był drapieżnym torbaczem żyjącym na kontynencie australijskim. Jego pożywienie stanowiły mniejsze zwierzęta, na które polował zazwyczaj o zmierzchu. Pomimo mocnych szczęk, którymi rozrywał ciało swoich ofiar, nie był w stanie obronić się przed coraz większą populacją psów dingo, sprowadzonych do Australii przez Aborygenów. W efekcie obszar jego występowania ograniczył się wyłącznie do Tasmanii. W 1933 roku został on uznany za gatunek zagrożony wyginięciem, ale było już za późno na ratunek.

Lew workowaty

Lew workowaty żył w czwartorzędzie w epoce plejstocenu (1,6 miliona – 40 tysięcy lat temu) na terenie dzisiejszej Australii. Był jednym z największych drapieżnych torbaczy. Polował na zwierzęta nawet tak duże jak diprotodony. Swoich ofiar szukał w lasach, na terenach zadrzewionych lub w dolinach rzek. Najbliżsi żyjący krewni lwa workowatego to roślinożerne wombaty i koala.

4 MARCA

365 dinozaurów

5 MARCA

Kanguroszczur pustynny

Kanguroszczur pustynny zwany również stepowym zamieszkiwał gorące i suche tereny dzisiejszej środkowej Australii. Jego jedyną ochroną przed upałem i słońcem było zbudowane z trawy gniazdo. Każde z nich zajmował tylko jeden dorosły osobnik. Zwierzęta te osobno zdobywały również pożywienie. Poruszając się bardzo szybko, nocą poszukiwały liści lub łodyżek. Pierwszy kanguroszczur pustynny został od- kryty w latach 40. XIX wieku. Później przedstawiciela tego gatunku widziano w 1931 roku, po czym zwierzęta te wyginęły.

Anatotytan

Anatotytan był dużym posiadającym w dziób dinozaurem, który żył w okresie późnej kredy, ok. 70-65 milionów lat temu, u schyłku ery mezozoicznej. Osiągał długość ok. 10 m., wysokość w biodrze ok. 2,5 m i wagę ok. 5 t. Anatotytan przypominał edmontozaura, ale był od niego lżejszy i miał dłuższe nogi. Inne cechy charakterystyczne tego olbrzyma to: płaska głowa z szerokim bezzębnym dziobem, setki zębów policzkowych tworzących baterie

6 MARCA

zębowe, krótkie ramiona, długi ostro zakończony ogon oraz po trzy zakończone kopytami palce tylnych kończyn. Dinozaur ten był dwunożny, ale mógł poruszać się również na czterech nogach, co być może wykorzystywał do zrywania nisko rosnących roślin. Miał bardzo dobrze rozwinięte zmysły.

7 MARCA
Prokonsul

Prokonsul był małpą żyjącą w epoce miocenu, ok. 23-14 milionów lat temu. Udało się odnaleźć dużo jego szczątków, dlatego też jest jednym z najlepiej poznanych hominidów mioceńskich. W obrębie tego rodzaju wyodrębniono gatunki, których przedstawiciele różnili się wielkością: od tego osiąganego przez niedużą małpę do właściwego dla samicy goryla. Prokonsule zamieszkiwały bardzo różnorodne środowiska, m.in. otwarte tereny z drzewami i gęste lasy tropikalne. Uważa się, że niektóre osobniki mogły prowadzić częściowo naziemny tryb życia. Uzębienie tych zwierząt przypominało uzębienie późniejszych małp człekokształtnych. Miały one również solidną kość jarzmową i wyraźny nos.

Agustinia

8 MARCA

Agustinia była rodzajem żyjącego w okresie kredy zauropoda, który osiągał ok. 15 m długości, 4 m wysokości i wagę ok. 20 t. Ten czworonożny roślinożerca zamieszkiwał Amerykę Płd. i charakteryzował się niezwykłym pokrywającym grzbiet pancerzem, złożonym z kolców i płyt. Wykazywał cechy właściwe tytanozaurom, jak również rebbachizaurom. Jego szczątki zostały odnalezione w formacji Lohan Cura w argentyńskiej prowincji Neuquen. Nadana mu nazwa upamiętnia Agustina Martinellego, który dokonał odkrycia.

365 dinozaurów

9 MARCA

Alamozaur

Alamozaur jest jedynym poznanym dotąd zauropodem, który zamieszkiwał dzisiejszą Amerykę Płn. w okresie późnej kredy. Podobnie jak inni przed-stawiciele tej grupy, charakteryzował się długą szyją i mocnym ogonem. Rozmiarami nie ustępował apatozaurowi, uważa się jednak, że miał znacznie krótszy ogon. Nazwa alamozaura pochodzi od formacji Ojo Alamo w stanie Nowy Meksyk w Stanach Zjednoczonych, gdzie po raz pierwszy odnaleziono szczątki tego ogromnego roślinożercy. Później liczne jego skamieliny zostały również odkryte w Teksasie.

Agilizaur

Agilizaur był niewielkim roślinożernym ptasio-miednicznym dinozaurem. Jego nazwa znaczy „zwinny jaszczur" i odnosi się do długich silnych nóg, które niewątpliwie czyniły go niezmiernie szybkim biegaczem. Zwierzę to charakteryzowało się także: dosyć krótką szyją, szerokimi oczami, długim ogonem używanym do utrzymania równowagi oraz służącymi do skubania liści ostrymi zębami. Agilizaur był jednym z wielu dobrze zachowanych dinozaurów odnalezionych w formacji Dashanpu w chińskiej prowincji

10 MARCA

Syczuan. Odkrycie to miało miejsce w 1984 roku, a obecnie jego szkielet wystawiany jest w Muzeum Dinozaurów w Zigong.

11 MARCA

Dilofozaur

Dilofozaur był szybkim, dwunożnym, mięsożernym dinozaurem należącym do teropodów i żyjącym w okresie wczesnej jury, ok. 201-189 milionów lat temu. Osiągał ok. 6 m długości, wysokość w biodrze ok. 1,5 m. i wagę mogącą dochodzić do 500 kg. Zwierzę to charakteryzowało się dwoma cienkimi kostnymi grzebieniami o półkolistym kształcie, które ozdabiały głowę i być może odgrywały rolę podczas godów, lekkim szkieletem, szyją w kształcie litery s, krótkimi kończynami przednimi i potężnymi nogami. Jego dłonie zaopatrzone były w trzy, a stopy w cztery zakończone pazurami palce. Najprawdopodobniej to właśnie pazurów używał do zabijania swoich ofiar, gdyż zbyt luźne połączenie szczęk mogło uniemożliwiać mu łapanie zdobyczy za pomocą zębów. Istnieje również hipoteza, że żywił się padliną. Dilofozaur był stosunkowo szybkim biegaczem, pozostawiającym podobne do ptasich ślady stóp.

Alektrozaur

Alektrozaur był rodzajem teropoda należącego do tyranozauroidów i żyjącego w okresie późnej kredy. Ten dwunożny osiągający ok. 5 m długości drapieżca charakteryzował się dużą głową, ostrymi zębami oraz słabo rozwiniętymi przednimi kończynami. Ważną cechą była również obecność obojczyka, gdyż przez wiele lat sądzono, że teropody nie posiadały tej kości. Alektrozaur uważany jest za dosyć rzadkiego dinozaura. Wprawdzie jego szczątki zostały odnalezione na pustyni Gobi, ale wiele informacji dotyczących tego zwierzęcia nadal owianych jest tajemnicą.

12 MARCA

365 dinozaurów

13 MARCA

Dilong

Dilong był niewielkim opierzonym dinozaurem uważanym za jednego z pierwszych i najbardziej prymitywnych spośród znanych tyranozauroidów. Osiągał długość ok. 1,6 m i żył w okresie wczesnej kredy, ok. 130 milionów lat temu. Jego nazwa odnosi się do jednego z mitycznych chińskich smoków. Pełna nazwa gatunku *Dilong paradoxus* oznacza natomiast „paradoksalnego smoka", gdyż zwierzę to było niewielkie i opierzone. Szczątki dilonga zostały odnalezione w formacji Yixian w chińskiej prowincji Liaoning.

Anchiceratops

Anchiceratops był średniej wielkości rogatym ceratopsem zamieszkującym dzisiejszą Amerykę Płn. ok. 72 milionów lat temu. Charakteryzował się dużą, prostokątną, ażurową kryzą, na szczycie której wyrastały guzy i niewielkie rogi. Posiadał również

14 MARCA

dwa długie rogi nad oczami i jeden mniejszy, najprawdopodobniej skierowany do przodu, na nosie. Tak jak inne ceratopsy miał podobny do papuziego dziób, którym „ciął" rośliny. Nazwę nadał mu w 1914 roku Barnum Brown.

15 MARCA

Algoazaur

Algoazaur był czworonożnym roślinożercą z grupy zauropodów o bliżej nieokreślonej pozycji systematycznej. Żył na przełomie jury i kredy, ok. 145-135 milionów lat temu, osiągając długość ok. 9 m. Jego cechy charakterystyczne to: długa szyja z niewielką głową, masywna sylwetka oraz długi ogon. Nieliczne szczątki tego olbrzyma (zaledwie jeden kręg, pojedyncza kość oraz kopyto) zostały odkryte w RPA w 1903 roku. Nazwę nadał mu w 1904 roku południowoafrykański paleontolog Robert Broom.

Wielkouch króliczy mniejszy

16 MARCA

Wielkouch króliczy mniejszy występował na najbardziej wysuszonych obszarach australijskich pustyń, żywiąc się żyjącymi tam gryzoniami. Mieszkał w głębokich na dwa lub trzy metry norach, które wykopywał w piaszczystych wydmach. Prowadził nocny tryb życia, więc w ciągu dnia wejście do nich zasłaniał piaskiem. Zwierzę to zostało uznane za gatunek wymarły w latach 50. XX wieku. Ostatnie, składające się z czaszki, szczątki wielkoucha króliczego mniejszego zostały odnalezione w 1967 roku na Pustyni Simpsona w Australii.

365 dinozaurów

17 MARCA

Alioram

Alioram uważany jest za średniej wielkości tyranozaura blisko spokrewnionego z innym azjatyckim drapieżnym dinozaurem – tarbozaurem, od którego różnił się wielkością. Istnieją jednak pewne wątpliwości, co do jego pozycji taksonomicznej. Odnalezione w 1976 roku w Mongolii szczątki są bowiem fragmentaryczne i pochodzą od niedojrzałego osobnika. Alioram charakteryzował się wydłużoną czaszką z widocznymi guzami. Miał również dużą liczbę zębów, co mogłoby wskazywać, że był prymitywnym tyranozauroidem.

Euknemezaur

Euknemezaur żył w okresie późnego triasu na terenie dzisiejszej południowej Afryki. Początkowo na podstawie kilku znalezionych kości został on opisany jako dinozaur należący do drapieżnych herrerazaurów, który miał osiągać długość ok. 7,5 m oraz wagę dochodzącą do 1,5 t. Pogląd ten rozpowszechnił brytyjski paleontolog Peter M. Galton, który jednocześnie w 1985 roku nadał zwierzęciu nazwę aliwalia, odwołując się do miasta, w pobliżu którego odkryto szczątki. Ostatecznie stwierdzono jednak, że dinozaur ten był przedstawicielem roślinożernych zauropodomorfów.

18 MARCA

19 MARCA

Allozaur

Allozaur był przypuszczalnie największym drapieżnikiem zamieszkującym dzisiejszą Amerykę Płn. w okresie późnej jury. Osiągał długość ok. 11,5 m, wysokość ok. 5 m oraz wagę oscylującą wokół 1,5 t. Ten dwunożny dinozaur charakteryzował się przysadzistą sylwetką, silną szyją w kształcie litery s oraz potężnym ogonem. Miał dobrze zbudowane tylne kończyny, przednie natomiast – krótkie z trójpalczastymi dłońmi zakończonymi długimi (ok.15 cm) pazurami. Czaszka allozaura, która mogła mierzyć ok. 1 m., posiadała parę krótkich rogów nad oczami oraz kostne wyrostki i grzebienie. Wyposażona była również w mocne szczęki z długimi (5-10 cm) ostrymi zębami o piłkowanych krawędziach.

Anchizaur

20 MARCA

Anchizaur był jednym z najwcześniej żyjących na terenie dzisiejszej Ameryki Płn. dinozaurów. Wraz z tekodontozaurem uważany był również za jednego z najmniejszych prozauropodów. Jego pierwszy częściowy szkielet został odnaleziony w Connecticut w Stanach Zjednoczonych w 1818 roku. W odróżnieniu od większości przedstawicieli tej grupy anchizaur charakteryzował się długimi i wąskimi stopami. Miał również lekką trójkątną czaszkę, podczas gdy inne prozauropody, np. plateozaury, charakteryzowały się bardziej prostokątną głową. Jego cechą dystynktywną był także położony na wysokości dolnej szczęki, a nie poniżej uzębienia, staw szczękowy.

21 MARCA

Altirin

Altirin należał do dinozaurów ptasiomiednicznych, ponieważ charakteryzował się budową miednicy podobną do tej, jaką posiadają współcześnie żyjące ptaki. Ten roślinożerca był dwunożny, ale mógł poruszać się również na czterech kończynach. W takiej pozycji wyglądem nieco przypominał wielbłąda. Dinozaur ten zaopatrzony był w wielkie nozdrza, dlatego też podejrzewa się, że miał dobrze rozwinięty zmysł powonienia. Cechował się również długim zaokrąglonym pyskiem oraz dziobem.

Altispinaks

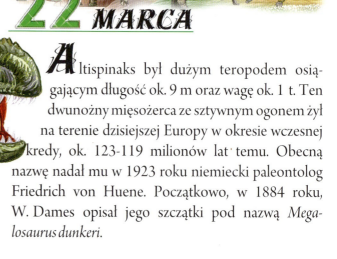

22 MARCA

Altispinaks był dużym teropodem osiągającym długość ok. 9 m oraz wagę ok. 1 t. Ten dwunożny mięsożerca ze sztywnym ogonem żył na terenie dzisiejszej Europy w okresie wczesnej kredy, ok. 123-119 milionów lat temu. Obecną nazwę nadał mu w 1923 roku niemiecki paleontolog Friedrich von Huene. Początkowo, w 1884 roku, W. Dames opisał jego szczątki pod nazwą *Megalosaurus dunkeri*.

23 MARCA
Alwarezaur

Alwarezaur był niewielkim przypominającym ptaka dwunożnym teropodem, który żył w okresie późnej kredy na terenie dzisiejszej Ameryki Płd. Jego szczątki, a wśród nich: kręgi, kości łopatki, miednicy, kończyn tylnych oraz zęby, zostały odkryte w formacji Rio Colorado w Argentynie. Materiał kopalny dowodzi, że zwierzę to charakteryzowało się krótkimi kończynami przednimi, długą szyją w kształcie litery s oraz niezwykle długim, sta-nowiącym ponad połowę długości ciała, spłaszczonym ogonem. Wiadomo także, że alwarezaur posiadał długie nogi i stopy, co świadczy o zdolności do szybkiego biegu. W obrębie tego rodzaju wyszczególniono jeden gatunek o nazwie: *Alvarezsaurus calvoi*.

24 MARCA
Grypozaur

Grypozaur był kaczodziobym dinozaurem z wąską wydłużoną czaszką oraz dużym garbem na nosie. Zachowany odcisk jego skóry pokazuje, że na szyi, bokach oraz brzuchu pokrywały go gładkie, mierzące ok. 0,5 cm łuski. Ten roślinożerca najprawdopodobniej był zwierzęciem stadnym. Jego szczątki odnalazł w 1914 roku w prowincji Alberta kanadyjski paleontolog Lawrence Lambe. Przez długi czas grypozaur występował pod nazwą kritozaur. Obecna nazwa została mu nadana w latach 90. XX wieku.

365 dinozaurów

25 MARCA

Alksazaur

Alksazaur należał do terizinozauroidów i był dinozaurem gadziomiednicznym. Żył w okresie wczesnej kredy, ok. 99 milionów lat temu, zajmując pozycję pomiędzy żyjącym wcześniej beipiaozaurem a późniejszymi terizinozauroidami, takimi jak: erlikozaur, segnozaur czy w końcu sam terizinozaur. Prawdopodobnie był wszystkożercą, który nie gardził ani mięsem, ani urozmaiconą w tym okresie florą południowo-wschodniej Azji.

Alksazaur osiągał długość ok. 4 m i wagę ok. 400 kg. Charakteryzował się bezzębnym dziobem, długimi nogami, elastyczną szyją w kształcie litery s oraz sztywnym, ostro zakończonym ogonem. Był powolnym zwierzęciem. Nisko umiejscowiony środek ciężkości, szerokie biodra oraz wysoko uniesiona klatka piersiowa sprawiały, że idąc, przypominał ogromną gęś z jej kołyszącym chodem. Szczątki alksazaura zostały odnalezione na pustyni Gobi w Mongolii. Klasyfikacji dokonali: kanadyjski paleontolog Dale Russell oraz jego kolega z Chin – Dong Zhiming.

26 MARCA

Amargazaur

Amargazaur był zauropodem żyjącym w okresie wczesnej kredy. Ten dwunożny roślinożerca osiągał ok. 10 m długości i ważył ok. 5 t. Wyróżniały go dwa równoległe rzędy wyrostków, które biegły wzdłuż całego ciała i spełniały funkcję ochronną. Amargazaur cechował się również bardzo długim ogonem, długą szyją i niewielką głową. Jego przednie kończyny były krótsze niż tylne, ale wszystkie posiadały po pięć palców. Kciuki zaopatrzone były, prawdopodobnie również w celach obronnych, w pazury.

Amazonzaur

Amazonzaur był czworonożnym roślinożercą, który występował na początku kredy na terenie dzisiejszej Ameryki Płd. i charakteryzował się długim ogonem w kształcie bicza. Najprawdopodobniej należał do uważanych za jedne z największych zwierząt wszech czasów diplodoków, o czym świadczyć mają duże, kolczaste wyrostki na kręgach jego ogona. W tym kontekście jego długość maksymalnie 12 m nie jest zbyt imponująca.

27 MARCA

Amazonzaur jest pierwszym opisanym rodzajem pochodzącym z dorzecza Amazonki.

28 MARCA

Ammozaur

Ammozaur żył w okresie wczesnej jury, ok. 180 milionów lat temu. Osiągał długość ok. 4 m, wysokość ok. 1,8 m oraz wagę ok. 290 kg. Ten roślinożerny dinozaur mógł poruszać się na dwóch lub na czterech kończynach. Długi ogon i szyja sugerują, że zazwyczaj wybierał drugi sposób, korzystając z dwunożnej postawy jedynie, aby zdobyć rosnące wyżej pożywienie lub uciec przed drapieżnikiem. Cztery niekompletne szkielety ammozaura zostały odnalezione w stanach Connecticut i Arizona w Stanach Zjednoczonych oraz w Nowej Szkocji. Nazwę nadał mu w 1981 roku Othniel C. Marsh.

29 MARCA
Ampelozaur

Żyjący w okresie późnej kredy ampelozaur jest najlepiej poznanym opancerzonym tytanozaurem. Dość bogaty materiał kopalny pozyskany na terenie Europy pozwolił na dokładną rekonstrukcję wyglądu jednego z ostatnich zauropodów. Ampelozaur nie miał wprawdzie bardzo długiej szyi czy ogona, ale najprawdopodobniej był zaopatrzony w biegnące wzdłuż grzbietu guzy, które wyglądem przypominały rogi. Inną jego cechą, właściwą również innym zauropodom z tego okresu, były umieszczone na czubku głowy nozdrza.

Amficelias

Amficelias był roślinożernym dinozaurem należącym do zauropodów. Gatunek *Amphicoelias fragillimus* mógł być największym dinozaurem wszech czasów, ale są co do tego pewne wątpliwości. W 1877 roku odnaleziony został bowiem zaledwie pojedynczy niekompletny kręg, który później w dodatku zaginął. Z zachowanych wyników pomiaru wynika, że mierzył on 1,5 m i stąd całkowite gabaryty zwierzęcia, oparte na rozmiarach podobnych gatunków, szacowane są na 40-60 m długości przy masie ok. 122 t.

30 MARCA

31 MARCA

Anatozaur

Anatozaur, wcześniej występujący pod nazwą trachodon, był klasycznym kaczodziobym dinozaurem z rodziny hadrozaurów. Dokładne znaczenie jego nazwy to właśnie „kaczy jaszczur". Żył w okresie późnej kredy i był jednym z ostatnich żyjących na świecie dinozaurów. Charakteryzował się długim masywnym ogonem ułatwiającym mu utrzymanie równowagi, długą płaską czaszką zakończoną szerokim bezzębnym dziobem oraz setkami zębów policzkowych tworzących baterie zębowe i służących do rozdrabniania twardych roślin. Jego przednie kończyny były krótkie, natomiast tylne, z trzema palcami zakończonymi kopytkami, długie i mocne. Anatozaur był szybkim dwunożnym zwierzęciem, co wykorzystywał w sytuacji zagrożenia, ratując się ucieczką. Mógł jednak również poruszać się na czterech kończynach. Przypuszcza się, że podobnie jak inne hadrozaury, prowadził stadny tryb życia.

Kwiecień

1 KWIETNIA

Chirostenot

Ten niewielki dwunożny dinozaur osiągał długość ok. 2 m, wysokość ok. 1 m i wagę 20-50 kg. Był zwinny i szybki, więc z zaskoczenia atakował swoją ofiarę. Jego cechą charakterystyczną były smukłe dłonie, które przyczyniły się do powstania nazwy znaczącej „wąska dłoń". Chirostenot był mięsożerny lub do pewnego stopnia wszystkożerny. Podstawę jego diety stanowiły takie zwierzęta, jak jaszczurki i ryby, ale nie gardził także jajami. Miał długi pysk, wysoki zaokrąglony grzebień na czubku głowy oraz trójpalczaste, doskonale przystosowane do chwytania ryb dłonie z pazurami.

Dromicejomim

2 KWIETNIA

Dromicejomim należał do rodziny ornitomimów. Wyglądem przypominał emu, co przyczyniło się do powstania jego nazwy znaczącej „udający emu". Osiągał długość ok. 5,5 m, ale dzięki lekkim kościom ważył zaledwie ok. 100 kg. Dinozaur ten żywił się prawdopodobnie nasionami, niewielkimi jajami, owadami i innymi zwierzętami, które był w stanie upolować. W sytuacji zagrożenia unosił głowę oraz sztywny ogon, i uciekał. Podobnie jak inne ornitomimy osiągał bardzo duże prędkości, co było zasługą odpowiedniej budowy tylnych kończyn. Dromicejomim charakteryzował się również długą cienką szyją, dużą głową, dużym mózgiem oraz ogromnymi oczami. Jego dłonie i stopy były trójpalczaste. Nie posiadał zębów.

3 KWIETNIA

Chuanjiesaurus

Chuanjiesaurus był dużym zauropodem żyjącym w okresie środkowej jury na terenie dzisiejszej Azji. Jego szczątki odnaleziono w formacji Chuanjie w chińskiej prowincji Junnan. Opisu dokonano na podstawie stosunkowo dobrze zachowanego szkieletu, m.in. kręgów szyjnych, ogonowych, dwóch żeber oraz kości nóg.

Czungkingozaur

4 KWIETNIA

Czungkingozaur należał do stegozaurów i, jak wszyscy przedstawiciele tej rodziny, był roślinożerny. Charakteryzował się wysoką, wąską czaszką, zakończonym co najmniej pięcioma kolcami ogonem oraz biegnącymi wzdłuż grzbietu stożkowatymi kostnymi naroślami, których dokładna liczba nie jest znana. Szkielet znajdujący się w Miejskim Muzeum w Chongqing został zrekonstruowany z ich 14 parami. Szczątki czungkingozaura odkryto w 1977 roku. Opisu dokonali w 1983 roku chińscy paleontolodzy: Dong Zhiming, Zhou Shiwu i Zhang Yihong.

5 KWIETNIA

Citipati

Citipati żył w okresie późnej kredy na terenie obecnej Mongolii. Był teropodem należącym do owiraptorów i dzięki bardzo dobrze zachowanym szczątkom – jednym z najlepiej poznanych przedstawicieli tej rodziny. Oprócz szkieletów przynależnych do tego rodzaju, udało się również odnaleźć gniazda razem z wysiadującymi w nich jaja rodzicami. Pozwoliło to umocnić tezę dotyczącą pokrewieństwa nielotnych dinozaurów i współczesnych ptaków. Największe osobniki citipati osiągały długość ok. 3 m. Podobnie jak inne owiraptory, miały niezwykle długą szyję i stosunkowo krótki, w porównaniu do większości teropodów, ogon. Charakteryzowały się również małą lekką czaszką i mocnym bezzębnym dziobem. Przypisany do tego rodzaju gatunek Citipati osmolskae został w 2001 roku opisany przez Jamesa M. Clarka, Marka Norella oraz Rinchena Barsbolda. Uważane za największe w swojej rodzinie, citipati zostały zdetronizowane przez sklasyfikowanego w 2007 roku gigantoraptora.

Dromeozaur

Dromeozaur był niewielkim mięsożernym dinozaurem posiadającym szereg przydatnych przy tego typu diecie cech. Przede wszystkim jego długie silne szczęki zaopatrzone były w liczne niezwykle ostre zęby o piłkowanych krawędziach, natomiast każda ze stóp posiadała ostry sierpowato zagięty pazur, którym miał zwyczaj atakować ofiarę. Ważne były także wygięta elastyczna szyja oraz bardzo dobrze rozwinięte zmysły wzroku, słuchu i powonienia. Dodatkowo, usztywniony kostnymi pręcikami, gietki tylko u nasady ogon mógł spełniać funkcję steru. Pierwsze szczątki dromeozaura zostały odkryte przez Barnuma Browna w 1914 roku nad rzeką Red Deer w kanadyjskiej prowincji Alberta. Opisany w 1922

6 KWIETNIA

roku przez Williama Matthew i Barnuma Browna, był on pierwszym odnalezionym przedstawicielem swojej rodziny.

7 KWIETNIA
Celofyz

Ten mały drapieżny dinozaur żyjący w okresie późnego triasu, ok. 210 milionów lat temu, osiągał długość ok. 3 m i charakteryzował się lekką budową ciała. Posiadał długi, ostro zakończony pysk z licznymi niewielkimi zębami o piłkowanych krawędziach, ostre pazury oraz długą szyję. Odnaleziono dwa rodzaje skamielin – potężnej i delikatnej budowy osobników – które pochodzą najprawdopodobniej od przedstawicieli odmiennych płci. Celofyz żywił się niewielkimi gadami, rybami, a być może również padliną.

Celur

Celur był niewielkim dwunożnym dinozaurem o długich kończynach tylnych. Szacuje się, że ten mięsożerca osiągał wagę 13-20 kg i długość ok. 2,4 m. Jego szczątki, które w większości pochodzą od jednego osobnika i obejmują, m.in. liczne kręgi, niekompletną miednicę oraz wiele kości kończyn, zostały odnalezione w 1879 roku w stanie Wyoming w Stanach Zjednoczonych przez Othniela C. Marsha. Obecnie przechowywane są w Peabody Museum of Natural History Uniwersytetu Yale.

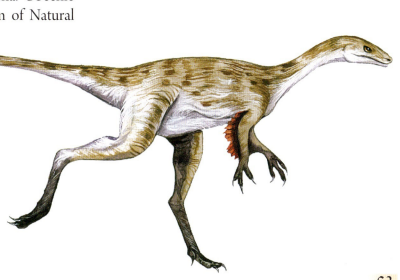

8 KWIETNIA

9 KWIETNIA

Kompsognat

Ten mały dwunożny dinozaur osiągał długość ok. 1 m, wagę ok. 3 kg i żył w okresie późnej jury, ok. 155--145 milionów lat temu. Był zwierzęciem o lekkiej budowie, charakteryzującym się wydłużoną czaszką, niewielkimi ostrymi zębami, długą, giętką szyją i długim, pomagającym utrzymać równowagę w czasie biegu ogonem. Jako mięsożerny dinozaur, kompsognat żywił się niewielkimi zwierzętami, m.in. owadami i jaszczurkami.

Konchoraptor

Konchoraptor należał do rodziny owiraptorów i zamieszkiwał tereny dzisiejszej Azji w okresie późnej kredy. Jego nazwa znaczy „muszlowy rabuś". Przez wiele lat uważano, że dinozaury te żywiły się głównie jajami, obecnie natomiast coraz powszechniejsze jest przekonanie, że podstawę ich diety stanowiły małże, których skorupy miażdżyły silnymi dziobami. Te niewielkie, osiągające 1-2 m długości

10 KWIETNIA

dinozaury nie posiadały, w odróżnieniu od wielu innych owiraptorów, grzebienia na głowie. Gatunek typowy *Conchoraptor gracilis* został opisany przez R. Barsbolda w 1986 roku.

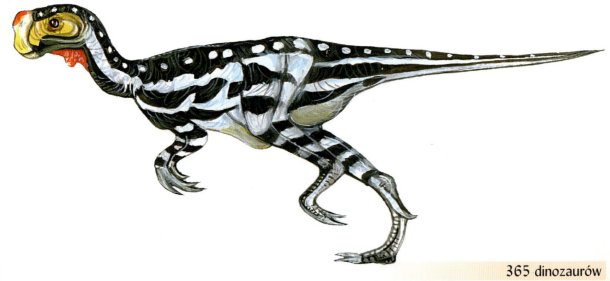

11 KWIETNIA

Korytozaur

Korytozaur był dużym roślinożernym dinozaurem osiągającym długość ok. 9-10 m i wagę do 5 t. Sama kość udowa tego olbrzyma mierzyła 108 cm. W wyglądzie korytozaura uwagę przykuwał pusty w środku kostny grzebień w kształcie hełmu, który łączył się z nozdrzami. Większe rozmiary przybierał u samców niż u samic i młodych, i prawdopodobnie był używany do wydawania odgłosów, np. podczas godów. Inne cechy korytozaura to: bezzębny dziób, setki zębów policzkowych, dłuższe kończyny tylne, krótsze przednie oraz długi i ciężki ogon. Zwierzę to żyło w okresie późnej kredy, ok. 80-65 milionów lat temu.

Bazylozaur

Pierwsze szczątki bazylozaura odnaleziono w 1830 roku. Początkowo wzięto go za ogromnego morskiego gada, później jednak ustalono, że był ssakiem. Bazylozaur potrafił szybko pływać i żywił się całym spektrum morskich stworzeń: od ryb i małych rekinów po krowy

12 KWIETNIA

morskie, żółwie oraz mniejsze prawalenie, np. dorudony. W odróżnieniu od obecnie żyjących waleni, nie posiadał dużego mózgu, czego skutkiem był samotniczy tryb życia. Na ogół bowiem w stada grupują się zwierzęta o dużych mózgach.

365 dinozaurów

13 KWIETNIA

Efraazja

Efraazja to rodzaj prozauropoda z rodziny anchizaurów, którego szczątki odnalazł w 1909 roku E. Fraas. Zanim zwierzę to uzyskało swoją obecną pozycję taksonomiczną, było błędnie klasyfikowane aż cztery razy. Efraazja była roślinożerna i mogła poruszać się zarówno na dwóch, jak i na czterech nogach. Posiadała także długie palce, którymi chwytała niewielkie rośliny. Wśród jej cech prymitywnych należy natomiast wymienić, np. obecność zaledwie dwóch kręgów krzyżowych. Szacuje się, że efraazja osiągała 6 m długości, ale nie są to potwierdzone dane.

Dimorfodon

Dimorfodon był żyjącym we wczesnej jurze pterozaurem (latającym gadem) z rodziny dimorfodonów. Miał ogromną głowę, szerokie szczęki z licznymi zębami, krótką szyję oraz skrzydła, których rozpiętość wynosiła ponad 1 m. Zwierzę to posiadało również długi zwężający się ku końcowi ogon z charakterystycznym skórnym zakończeniem. W odróżnieniu od większości innych pterozaurów, specyficzne ustawienie nóg dimorfodona czyniło jego chód niezdarnym. Może to stanowić dowód, że kiedy nie latał, większość czasu spędzał, zwisając z klifów lub gałęzi.

14 KWIETNIA

15 KWIETNIA

Pteranodon

Ten pterozaur, czyli latający gad, osiągał wagę ok. 16 kg przy długość ok. 1,8 m. Swoją lekką budowę zawdzięczał pneumatycznym kościom. Charakteryzował się niewielkim tułowiem oraz ogromnymi pokrytymi skórną membraną skrzydłami, których rozpiętość wynosiła 7-10 m. Posiadał również długi, lekki kostny czub, mogący służyć do zmiany kierunku lub utrzymania równowagi w czasie lotu. Niewykluczone, że był to znak rozpoznawczy przynależności do konkretnej płci. Pteranodon nie posiadał zębów i miał szczątkowy ogon. Jego ciało mogła pokrywać sierść.

Kecalkoatl

Kecalkoatl był rodzajem ogromnego pterozaura żyjącego w późnej kredzie na terenie dzisiejszej Ameryki Płn. Rozpiętość jego skrzydeł wynosiła ok. 11 m, długość szyi ok. 3 m, a głowy i nóg po ok. 7 m. Podobnie jak pteranodon, kecalkoatl miał pneumatyczne kości, więc przy swoim rozmiarze ważył stosunkowo niewiele, bo prawdopodobnie zaledwie 130-140 kg. Jego ciało pokrywał przypominający sierść meszek. Kecalkoatl charakteryzował się również bezzębnym dziobem oraz kostnym grzebieniem na głowie.

16 KWIETNIA

17 KWIETNIA

Eoraptor

Eoraptor należał do dinozaurów gadziomiednicznych i prawdopodobnie był prymitywnym teropodem. Jako jeden z najwcześniejszych dinozaurów żył w późnym triasie, ok. 228 milionów lat temu. Ten mięsożerca osiągał długość ok. 1 m i charakteryzował się lekką budową ciała, długim pyskiem z dużą liczbą małych ostrych zębów oraz chwytnymi dłońmi. Poruszał się na dwóch nogach i był stosunkowo szybkim biegaczem. Jego dietę stanowiły niewielkie zwierzęta, ale prawdopodobnie nie gardził również padliną.

Erektopus

Erektopus był dwunożnym mięsożernym dinozaurem zamieszkującym dzisiejszą Europę oraz północne tereny Afryki. Szacuje się, że osiągał długość ok. 3 m i wysokość ok. 1,3 m. Jego szczątki zostały odnalezione pod koniec

18 KWIETNIA

XIX wieku. Początkowo rodzaj ten opisano jako przynależny do megalozaurów z gatunkiem o nazwie *Megalosaurus superbus*. W 1932 roku Friedrich von Huene udowodnił, że była to mylna klasyfikacja. Od tej pory zwierzę to występuje pod nazwą systematyczną *Erectopus*.

19 KWIETNIA

Dsungaripterus

Dsungaripterus był pterozaurem z rozpiętością skrzydeł dochodzącą do ok. 3 m. Charakteryzował się długim, ostrym, wygiętym ku górze dziobem i mocnymi płaskimi zębami policzkowymi. Jego głowę przyozdabiał długi kostny grzebień. Ten latający gad prawdopodobnie zamieszkiwał tereny dzisiejszej Azji i Afryki na przełomie jury i kredy. Jego szczątki zostały odnalezione w Chinach.

Sarkozuch

Ten spokrewniony z obecnie żyjącymi krokodylami gad osiągał długość ok. 12 m i wagę ok. 10 t. Posiadał pancerz zbudowany z kostnych płytek oraz długie szczęki z mnóstwem ostrych zębów. Jego oczy umieszczone były na czubku głowy, tak aby łatwiej mógł dostrzec przepływającą nad nim ofiarę. Żył ok. 50-60 lat, przy

20 KWIETNIA

czym najstarsze osobniki były również największymi, ponieważ sarkozuch, podobnie jak współczesne krokodyle, rósł przez całe życie. Tempo wzrostu wraz z wiekiem słabło, ale sam proces nie ulegał zatrzymaniu.

21 KWIETNIA

Erketu

Szczątki tego zauropoda z okresu wczesnej kredy zostały odnalezione w Mongolii. Erketu charakteryzował się niezwykle długą szyją, która szacunkowo stanowiła połowę całkowitej długości, mierzącego ok. 15 m, zwierzęcia. Był dinozaurem o najdłuższej szyi w stosunku do długości ciała. Taka budowa miała związek z wydłużeniem kręgów szyjnych, których liczba nie została jednak do końca ustalona.

Kriolofozaur

Kriolofozaur był ogromnym dwunożnym dinozaurem żyjącym w okresie wczesnej jury na terenie dzisiejszej Antarktydy. Prawdopodobnie osiągał długość 6-8 m i posiadał umiejscowiony tuż nad oczami osobliwy grzebień o pofałdowanej strukturze. Szczątki tego teropoda w 1991 roku odkrył paleontolog William Hammer. Kriolofozaur był pierwszym drapieżnikiem odnalezionym na Antarktydzie i pierwszym dinozaurem z tego kontynentu, który uzyskał formalną nazwę.

22 KWIETNIA

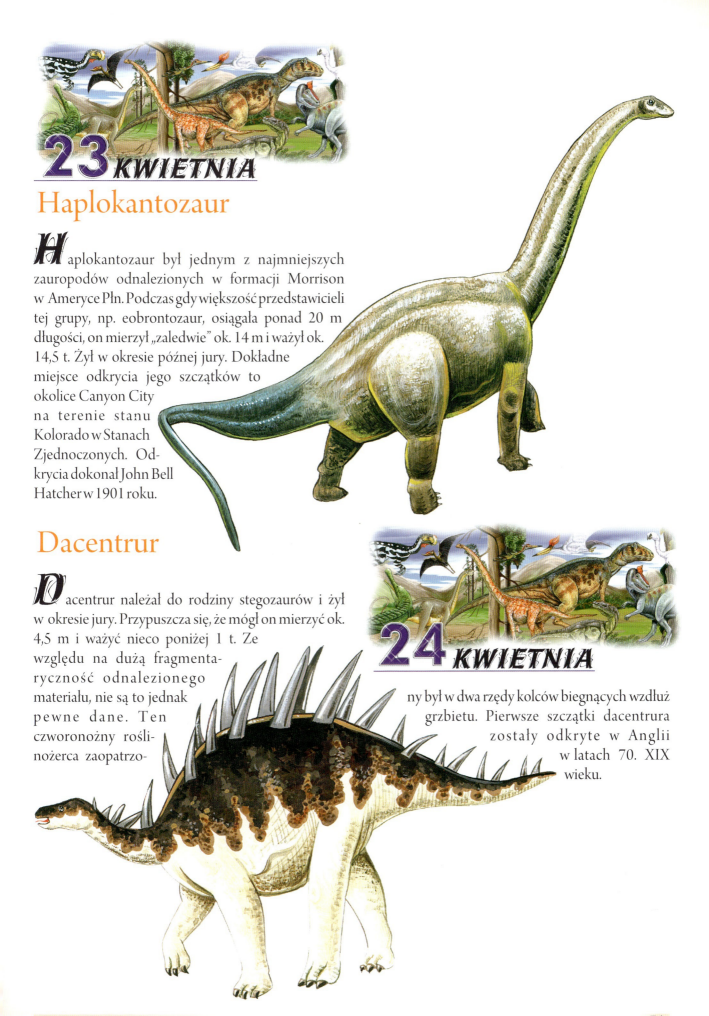

23 KWIETNIA
Haplokantozaur

Haplokantozaur był jednym z najmniejszych zauropodów odnalezionych w formacji Morrison w Ameryce Płn. Podczas gdy większość przedstawicieli tej grupy, np. eobrontozaur, osiągała ponad 20 m długości, on mierzył „zaledwie" ok. 14 m i ważył ok. 14,5 t. Żył w okresie późnej jury. Dokładne miejsce odkrycia jego szczątków to okolice Canyon City na terenie stanu Kolorado w Stanach Zjednoczonych. Odkrycia dokonał John Bell Hatcher w 1901 roku.

Dacentrur

Dacentrur należał do rodziny stegozaurów i żył w okresie jury. Przypuszcza się, że mógł on mierzyć ok. 4,5 m i ważyć nieco poniżej 1 t. Ze względu na dużą fragmentaryczność odnalezionego materiału, nie są to jednak pewne dane. Ten czworonożny roślinożerca zaopatrzo-

24 KWIETNIA

ny był w dwa rzędy kolców biegnących wzdłuż grzbietu. Pierwsze szczątki dacentrura zostały odkryte w Anglii w latach 70. XIX wieku.

365 dinozaurów

25 KWIETNIA

Daspletozaur

Jego nazwa znaczy „straszny gad" i odnosi się do drapieżnego stylu życia. Daspletozaur należał do tyranozaurów i, podobnie jak inni przedstawiciele tej rodziny, posiadał masywną czaszkę, szczęki zaopatrzone w ostre zęby, a także krótkie kończyny przednie z dwupalczastymi dłońmi. Miał również dwie mocne nogi. Żył w okresie późnej kredy, w tym samym czasie, co mięsożerny albertozaur. Chociaż obydwa były drapieżnikami, nie atakowały się. Daspletozaur mógł polować na ceratopsy, natomiast albertozaur – na hadrozaury.

Datouzaur

26 KWIETNIA

Datouzaur był rzadkim zauropodem żyjącym na terenie dzisiejszych Chin w okresie środkowej jury. Charakteryzował się niezwykle długą szyją pozwalającą mu na zrywanie najwyżej rosnących roślin oraz kwadratową czaszką, która przypominała tę należącą do późnojurajskiego dinozaura zamieszkującego dzisiejszą Amerykę Płn. – kamarazaura. Pozycja systematyczna datouzaura nie została do końca sprecyzowana. Na podstawie pewnych cech uważa się, że mógł być spokrewniony właśnie z kamarazaurem lub z diplodokami.

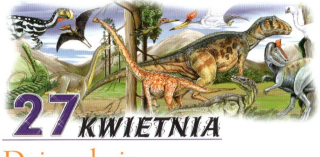

27 KWIETNIA

Deinocheir

Ten niezwykły teropod żyjący w późnej kredzie znany jest ze swoich olbrzymich przednich kończyn, które mierzyły ok. 2,5 m, przy czym sama kość ramieniowa osiągała długość ok. 1 m. Zostały one odnalezione w 1965 roku przez polskich i mongolskich paleontologów w formacji Nemegt w Mongolii. Oprócz nich odkryto również pozostałości żeber i kręgów. Ze względu na fragmentaryczność szczątków były pewne trudności z klasyfikacją deinocheira, ale obecnie uważa się, że mógł należeć do ornitomimozaurów.

Deinonych

Deinonych był szybkim dwunożnym dinozaurem przypominającym ptaka. Charakteryzował się lekką budową ciała. Osiągał 3 m długości, 1,5 m wysokości oraz ważył ok. 80 kg. Jako drapieżnik posiadał dużą głowę, mocne szczęki wypełnione ostrymi zębami o piłkowanych

28 KWIETNIA

krawędziach oraz pazury, z których największy, wyrastający z drugiego palca stopy, miał sierpowaty kształt i mierzył 13 cm. Deinonych posiadał również elastyczną szyję oraz wzmocniony kostnymi prę-

cikami, a więc sztywny, długi ogon. Ten ostatni używany był do utrzymania równowagi podczas biegu.

365 dinozaurów

29 KWIETNIA

Deltadrom

Deltadrom był rodzajem teropoda, który zamieszkiwał północne tereny dzisiejszej Afryki w okresie późnej kredy, ok. 95 milionów lat temu. Niepublikowane badania odnoszące się do częściowego szkieletu wskazują, że mógł mierzyć ok. 13,3 m i osiągać wagę ok. 3,5 t. Bardziej kompletny szkielet, na podstawie którego dokonano opisu tego rodzaju, daje natomiast podstawy do przyjęcia długości ok. 8 m. Deltadrom był dwunożnym mięsożercą, przy czym jego długie i smukłe kończyny tylne dowodzą, że potrafił szybko biegać.

Guanlong

Ten dwunożny teropod występował w okresie późnej jury na terenie dzisiejszych Chin, gdzie odnaleziono wszystkie jego dotychczasowe szczątki. Osiągał długość ok. 3 m i posiadał cechy konieczne przy mięsnej diecie. Były to ostre zęby, tnące jak brzytwa pazury oraz silne nogi. Jego nazwa pochodząca z języka chińskiego oznacza „smok w koronie" i odnosi się do charakterystycznego grzebienia, który zdobił pysk guanlonga. Funkcja tej kostnej struktury nie została jednak jak dotąd do końca rozpoznana.

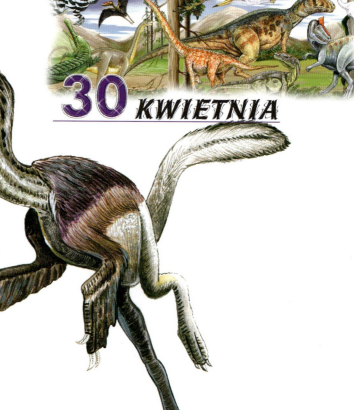

30 KWIETNIA

Máj

1 MAJA

Diplodok

Diplodok był jednym z największych dinozaurów. Należał do zauropodów żyjących w okresie późnej jury w zachodniej części terytorium dzisiejszych Stanów Zjednoczonych. Osiągał długość 26-32 m i wagę 10-20 t. Cechy charakterystyczne tego olbrzyma to: niezwykle długa szyja, przypominający bicz ogon, bardzo mała w stosunku do całego ciała głowa oraz cztery silne kończyny.

Jako roślinożerca, diplodok przy swojej masie musiał dziennie pochłaniać mnóstwo pokarmu. Do zrywania pożywienia służyły mu niezróżnicowane, obecne jedynie z przodu pyska zęby. Nie były one przystosowane do przeżuwania, więc pokarm połykany był w całości. Aby uniknąć problemów z trawieniem nierozdrobnionego jedzenia, proces miażdżenia odbywał się już w samym żołądku, co umożliwiały połykane liczne kamienie.

Uważa się, że diplodoki przemieszały się w stadach, były jajorodne i – jak twierdzi większość naukowców – stałocieplne.

2 MAJA
Klaozaur

Klaozaur był ornitopodem żyjącym na terenie dzisiejszej Ameryki Płn. w okresie późnej kredy, ok. 75 milionów lat temu. Charakteryzował się smukłą sylwetką, krótkimi kończynami przednimi i długimi nogami. Posiadał również długi sztywny ogon. Zwierzę to osiągało prawdopodobnie ok. 3,5 m długości, 1,3 m wysokości oraz wagę ok. 500 kg. Było czworonożnym stworzeniem, ale mogło również poruszać się na dwóch nogach. Podstawę diety klaozaura stanowiły, m.in. sagowce i rośliny iglaste. Jego szczątki zostały odkryte w Stanach Zjednoczonych. Nazwę oznaczającą „złamany jaszczur" nadał mu w 1890 roku Othniel C. Marsh.

3 MAJA
Mamut włochaty

Mamut włochaty zwany też mamutem właściwym należał do rodziny słoniowatych. Pojawił się ok. 1,8 miliona lat temu, a wyginął ok. 10 tysięcy lat temu. Zamieszkiwał dzisiejszą Europę, Azję oraz Amerykę Płn. Ten prehistoryczny ssak osiągał długość ok. 3 m, a jego ciało pokryte było gęstym futrem. Posiadał dwa niezwykle duże, zakrzywione do góry ciosy oraz umiejscowiony tuż za głową rodzaj garbu z zapasem tłuszczu. Był roślinożerny, a na jego pożywienie składały się m.in. trawy, mech i roślinność krzewiasta.

365 dinozaurów

4 MAJA

Dakosaurus

Dakosaurus był prawdziwym morskim potworem, który osiągał długość ok. 4 m. Należał do krokodylomorfów i żył w okresie wczesnej kredy. Jego dobrze zachowane szczątki udało się odnaleźć, m.in. w Patagonii. Przedstawicieli tego rodzaju charakteryzowała wydłużona sylwetka, zaokrąglona krótka czaszka oraz ogon zakończony płetwą. Taka budowa prawdopodobnie czyniła z nich lepszych od współczesnych krokodyli pływaków. Dakosaurus odżywiał się rybami oraz skorupiakami, które miażdżył swoimi niezwykle ostrymi zębami.

Karnotaur

Karnotaur był teropodem występującym we wczesnej kredzie na obszarze dzisiejszej Ameryki Płd. Udało się odnaleźć prawie kompletny szkielet, a nawet niewielkie fragmenty skóry tego mięsożernego dinozaura, więc możliwe było dosyć dokładne odtworzenie jego wyglądu. Karnotaur osiągał ok. 8 m długości i ważył ok. 1,5 t. Miał średnią głowę, delikatnie zbudowaną żuchwę, ostre zęby i bardzo krótkie kończyny przednie. Posiadał również dwa charakterystyczne niewielkie kostne rogi, które wyrastały tuż nad oczodołami.

5 MAJA

6 MAJA
Szunozaur

Szunozaur był wczesnym zauropodem żyjącym w okresie jury, ok. 175-165 milionów lat temu. Został odkryty w 1983 roku na terenie prowincji Syczuan w Chinach. Odnalezione szczątki dostarczyły bardzo bogatego materiału do badań, obejmowały bowiem ponad 20 szkieletów, wiele z nich z czaszkami. Ustalono, że szunozaur osiągał długość ok. 12 m i był czworonożnym roślinożernym zwierzęciem z przysadzistą sylwetką, małą głową, długą szyją oraz długim ogonem. Ten ostatni zaopatrzony był dodatkowo w niewielką kostną maczugę z dwoma kolcami, która prawdopodobnie służyła do celów obronnych.

Siuanhanozaur

Dinozaur ten jest stosunkowo słabo poznanym drapieżnikiem. Wiadomo, że żył w okresie jury na terenie dzisiejszej Azji. Jego szczątki zostały znalezione w chińskiej prowincji Xuanhan, od której powstała nazwa rodzajowa tego zwierzęcia. Nadał mu ją Dong Zhiming w 1984 roku. Jak na teropoda

7 MAJA

siuanhanozaur charakteryzował się niezwykle długimi i silnymi kończynami przednimi. Pojawiła się nawet śmiała hipoteza, że w związku z taką budową mógł być czworonożny. Nie została ona jednak przyjęta entuzjastycznie, ponieważ wtedy musiałby to być jedyny czworonożny mięsożerny dinozaur.

365 dinozaurów

8 MAJA

Jobaria

Był to dinozaur z grupy zauropodów żyjący w okresie wczesnej kredy, ok. 135 milionów lat temu. Jego szczątki zostały odnalezione na Saharze na terytorium należącym do Republiki Nigru. Nazwa rodzajowa odnosi się do Jobara – stworzenia z legend lokalnych nomadów (Tuaregów), którzy dokonali odkrycia. Kości dorosłych i młodych osobników odnaleziono w jednym miejscu, co wskazuje, że zwierzęta te przemieszczały się w stadach, opiekując się swoim potomstwem. Chociaż ich całkowitą zagładę spowodowała wielka powódź, podejrzewa się, że wiele osobników mogło również zostać zabitych przez żyjącego na tych samych terenach w tym okresie drapieżnego afrowenatora.

Driozaur

9 MAJA

Ten roślinożerny dinozaur ptasiomiedniczny należał do ornitopodów i żył w okresie jury, ok. 156- -145 milionów lat temu. Jego naturalnym środowiskiem były gęste lasy. Osiągał długość ok. 3 m, wysokość w biodrze ok. 1,5 m i wagę ok. 77- -90 kg. Miał długie trójpalczaste kończyny tylne, dużo krótsze pięciopalczaste kończyny przednie, długą szyję i sztywny ogon, który pomagał mu utrzymać równowagę. Driozaur charakteryzował się również dużymi oczami, rogowym bezzębnym dziobem oraz obecnością zębów policzkowych. Jego szczątki odnaleziono w Ameryce Płn. oraz w Afryce.

10 MAJA
Dryptozaur

Dryptozaur, którego nazwa oznacza „raniący jaszczur", był rodzajem prymitywnego tyranozaura żyjącego na wschodnim wybrzeżu dzisiejszej Ameryki Pln. w późnej kredzie. Jego niekompletny szkielet został odnaleziony w New Jersey w Stanach Zjednoczonych. Zwierzę to osiągało długość ciała ok. 6,5 m, wysokość w biodrze 1,8 m i wagę ok. 1,2 t. Jego cechą charakterystyczną były dosyć długie kończyny przednie zaopatrzone w trzy palce i pazury mierzące ok. 20 cm każdy. Dryptozaur bez wątpienia był mięsożerny, ale szczegóły dotyczące jego diety nie są znane.

Dyoplosaurus

Ten ogromny czworonożny roślinożerca z rodziny ankylozaurów żył w okresie kredy na terenie dzisiejszej Ameryki Pln. Jego opisu dokonał William A. Parks w 1924 roku na podstawie szczątków odnalezionych w kanadyjskiej prowincji Alberta. Dinozaur ten osiągał długość 6-9 m. i szerokość ok. 1,7 m. Jego ciało zabezpieczał kostny pancerz, którego płyty ściśle do siebie przylegały. Ogon zaopatrzony był natomiast w maczugę uformowaną z czterech połączonych kości.

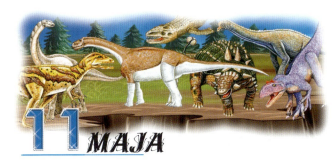

11 MAJA

12 MAJA
Edmontonia

Edmontonia była jednym z ostatnich opancerzonych dinozaurów, które żyły w okresie kredy. Należała do dinozaurów ptasiomiednicznych z rodziny nodozaurów. Jej nazwa pochodzi od kanadyjskiej formacji Edmonton – miejsca, w którym odnaleziono szczątki. Co ciekawe nie ma żadnych dowodów, że zamieszkiwała ten teren. Edmontonia miała masywną sylwetkę i wyglądem nieco przypominała czołg. Osiągała długość ok. 7 m, wysokość ok. 2 m, a jej ciało pokrywał pancerz. Nawet głowa chroniona była niewielkimi kostnymi płytkami. Dodatkowo po bokach ciała, ogona oraz na ramionach wyrastały kolce. Mogły one służyć do odstraszania drapieżnych dinozaurów, ale być może znajdowały również zastosowanie podczas walki samców o zdobycie względów samicy. Ponadto, niektórzy paleontolodzy sądzą, że edmontonia była zdolna do wydawania dźwięków przypominających klakson samochodu. Najbardziej narażoną na zranienie częścią ciała tego zwierzęcia był niczym nieosłonięty brzuch, dlatego też panuje przekonanie, że przywierała nim do ziemi, aby zminimalizować możliwość ataku. Jako roślinożerny dinozaur edmontonia charakteryzowała się niewielkimi zębami osadzonymi w niezbyt silnych szczękach.

13 MAJA

Edmontozaur

Lawrence M. Lambe. Oznacza ona „jaszczur z Edmonton".

Edmontozaur był dużym roślinożernym dinozaurem z rodziny hadrozaurów żyjącym w okresie późnej kredy. Mógł osiągać długość dochodzącą do 12 m. Posiadał płaską głowę zakończoną bezzębnym dziobem oraz setki zębów policzkowych tworzących baterie zębowe. Jego szczątki zostały odnalezione w formacji Edmonton w kanadyjskiej prowincji Alberta oraz na terenie Stanów Zjednoczonych. Nazwę nadał mu w 1917 roku

Polakant

Polakant należał do grupy ankylozaurów i był ptasiomiednicznym dinozaurem. Żył w okresie kredy. Jego ciało pokrywał, najprawdopodobniej zaopatrzony w duże kolce, pancerz, który stanowił ochronę przed wielkimi mięsożernymi dinozaurami. Odnaleziono jedynie nieliczne szczątki tego zwierzęcia. Pierwsze skamieliny zostały odkryte w 1865 roku na wyspie

14 MAJA

Wight przez Williama Foxa. Kolejne – po raz pierwszy prezentujące przednią część pancerza oraz kręg szyjny – dużo później, w 1979 roku przez dr Williama T. Blowsa.

365 dinozaurów

15 MAJA
Plateozaur

Plateozaur był późnotriasowym dinozaurem należącym do prozauropodów. Miał długą szyję zakończoną niewielką głową, potężny ogon i masywną sylwetkę. Jego tylne kończyny były dłuższe niż przednie, ale te ostatnie – również mocne i zdolne do znoszenia dużych obciążeń. Zwierzę to było roślinożerne, ale obecność wielkich pazurów zasiała wątpliwość, czy okazyjnie nie żywiło się też mięsem.

16 MAJA
Erlikozaur

Erlikozaur należał do rodziny terizinozaurów i żył w okresie późnej kredy, ok. 80 milionów lat temu. Jego szczątki, a wśród nich m.in. czaszkę, odnaleziono na terytorium Mongolii. Nazwę nadał mu w 1980 roku A. Perle. Erlikozaur był nietypowym teropodem, który oprócz mięsa prawdopodobnie żywił się również roślinami. Poza tym miał skierowaną do tyłu kość łonową, co było cechą dinozaurów ptasiomiednicznych oraz szczękę zakończoną kostnym dziobem.

17 MAJA

Harpymim

Jego nazwa oznacza „naśladujący harpię". Był to dwunożny teropod, który prawdopodobnie był przodkiem dinozaurów z rodziny ornitomimów. Jego szczątki odnaleziono w Mongolii. Na ich podstawie ustalono, że mógł stanowić „brakujące ogniwo" pomiędzy teropodami zaopatrzonymi w zęby i chwytne dłonie, a nieposiadającymi zębów ornitomimami. Charakteryzował się bowiem obecnością kostnego dzioba, ale jego dolna szczęka nadal wyposażona była w zęby.

Euhelop

Euhelop był jednym z największych roślinożernych dinozaurów. Jego długość mogła dochodzić do 15 m, a waga do 20 t. Zamieszkiwał dzisiejszą Azję na przełomie jury i kredy. Miał niezwykle długą szyję, niewielką głowę oraz mocne zęby, które, w odróżnieniu od wielu innych dinozaurów tego typu posiadających zęby jedynie z przodu, wyrastały na całej długości szczęk. Ze względu na ułożenie dużych nozdrzy na czubku głowy, niektórzy naukowcy wysnuli hipotezę, że euhelop mógł również posiadać trąbę, co czyniłoby jego wygląd niezwykle osobliwym. Hipoteza ta nie została jednak potwierdzona.

18 MAJA

365 dinozaurów

19 MAJA
Euoplocefal

Euoplocefal był członkiem rodziny ankylozaurów. Jego waga dochodziła prawdopodobnie do 3 t. Charakteryzował się pancerzem zaopatrzonym w kostne kolce i płyty, który stanowił doskonałą ochronę przed drapieżnikami. Dodatkowo, w sytuacji zagrożenia, mógł odpędzać od siebie przeciwnika za pomocą ogona uzbrojonego w dużą kostną maczugę. Euoplocefal miał również zaokrąglony pysk i bezzębny dziób. Szczątki tego dinozaura zostały odnalezione w miejscach tak od siebie odległych, jak Kanada i Chiny.

Europazaur

Europazaur był dinozaurem z grupy zauropodów żyjącym w okresie późnej jury na terenie dzisiejszej Europy, skąd też jego nazwa oznaczająca „europejski jaszczur". Nazwa gatunkowa *Europasaurus holgeri* pochodzi natomiast od imienia Holgera Ludtke – odkrywcy pierwszych szczątków tego zwierzęcia.

Osiągający długość dochodzącą do 6,2 m europazaur został uznany za karłowatego zauropoda. Stwierdzono, że był

20 MAJA

to przykład karłowatości wynikającej z odizolowania, kiedy to z czasem większe zwierzęta ewoluują do mniejszych rozmiarów, aby lepiej przystosować się do środowiska, w którym żyją. W ówczesnym bowiem czasie kontynent europejski składał się z wielu wysp, a europazaur zamieszkiwał jedną z nich. Szczątki zarówno dorosłych, jak i młodych osobników europazaura zostały odnalezione w Dolnej Saksonii w Niemczech.

21 MAJA
Euskelozaur

Euskelozaur był ogromnym prozauropodem. Osiągał długość 9-12 m i wagę ok. 1,8 t. Żył w okresie późnego triasu na terytorium dzisiejszego Lesotho, RPA i Zimbabwe. Nazwę nadał mu w 1866 roku Thomas Huxley. Cechą charakterystyczną tego czworonożnego roślinożercy była kość udowa ze skręconym trzonem. Na tej podstawie Jacques van Heerden wysnuł hipotezę, że tylne kończyny euskelozaura były łukowato wygięte. Gdyby teoria ta się potwierdziła, byłaby to niezwykła jak na dinozaura cecha.

Eustreptospondyl

Eustreptospondyl należał do teropodów i żył w gorącym i wilgotnym klimacie okresu jurajskiego, kiedy ląd pokrywały dżungle. Były to idealne warunki dla roślinożerców, a w związku z tym

22 MAJA

również dla takich jak ten drapieżnych dinozaurów. Posiadał on budowę typową dla teropodów. Miał więc masywną sylwetkę, długie i silne tylne kończyny oraz krótkie kończyny przednie. Poruszał się na dwóch nogach, a sztywny ogon pomagał mu zachować równowagę. Zamieszkiwał teren dzisiejszej Europy.

365 dinozaurów

23 MAJA

Fabrozaur

Fabrozaur był prymitywnym ornitopodem. Osiągał długość ok. 1 m i był lekkiej budowy ciała. Poruszał się na dwóch nogach, ale miał również dobrze rozwinięte ramiona i dłonie. Mocne zęby z pofałdowanymi lub guzkowatymi krawędziami pozwalały mu na siekanie roślinnego pokarmu. Większość przedstawicieli tego rodzaju żyła na przełomie triasu i jury na terenie dzisiejszej południowej Afryki. Pod koniec XIX wieku fabrozaur został opisany przez Richarda Owena na podstawie fragmentów szczęk i zębów. Szczątki odnaleziono w Lesotho.

Herrerazaur

Herrerazaur zamieszkiwał tereny dzisiejszej Argentyny w okresie późnego triasu i był jednym z najwcześniejszych mięsożernych dinozaurów. Miał charakterystyczną dla nich sylwetkę, ale nie osiągał takich rozmiarów jak większość późniejszych przedstawicieli tej grupy. Szacuje się bowiem, że mierzył „zaledwie" ok. 4,5 m. Podstawę jego diety stanowiły małe i średnie zwierzęta. Ten dwunożny dinozaur charakteryzował się silnymi kończynami tylnymi z krótką kością udową i dosyć długą stopą. Taka budowa prawdopodobnie

24 MAJA

czyniła z niego szybkiego biegacza. Pozycja systematyczna herrerazaura do dzisiaj nie została do końca sprecyzowana, ponieważ posiadał on cechy właściwe różnym grupom.

365 dinozaurów

25 MAJA
Fukuiraptor

Ten średniej wielkości dinozaur należący do grupy kaznozaurów żył we wczesnej kredzie. Jego szczątki obejmujące niekompletny szkielet i czaszkę zostały odkryte w Japonii. Początkowo z powodu błędnej oceny pazura (pazur dłoni fukuiraptora wzięto za pazur stopy dromeozaura), uważano, że był to dromeozaur, ale obecnie klasyfikowany jest jako należący do allozaurów. Fukuiraptor miał stosunkowo długie smukłe kończyny przednie i ponad dwukrotnie od nich dłuższe kończyny tylne. Kość łokciowa była dobrze rozwinięta, a dłoń zaopatrzona w długie, ostre, zakrzywione pazury z wyróżniającym się pazurem pierwszego palca. Kość udowa przypominała tę, jaką posiadają większe karnozaury, np. allozaur, ale palce stopy były smuklejsze.

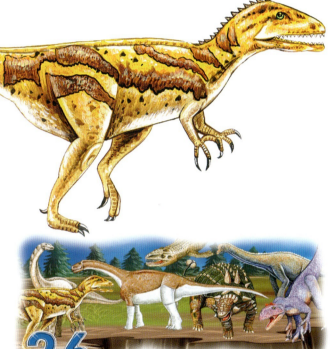

Fulguroterium

Ten żyjący w okresie wczesnej kredy roślinożerny dinozaur był prymitywnym ornitopodem, którego początkowo uznano za niewielkiego teropoda. Osiągał on ok. 2 m długości i zamieszkiwał tereny dzisiejszej Australii, gdzie później odnaleziono holotyp. Jego opisu dokonał Friedrich von Huene w 1932 roku. Wielu badaczy sądzi jednak, że fulguroterium może być chimerą złożoną ze szczątków kilku gatunków ornitopodów.

26 MAJA

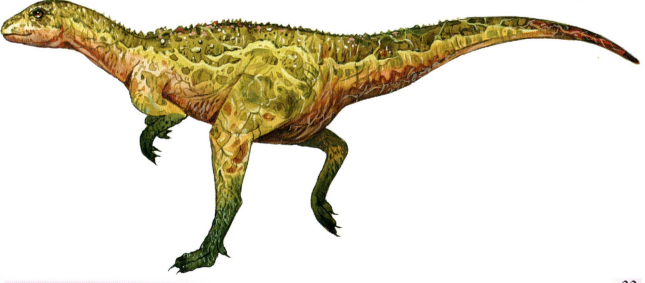

365 dinozaurów

27 MAJA
Futalognkozaur

Futalognkozaur należał do rodziny tytanozaurów i żył w okresie późnej kredy, ok. 87 milionów lat temu. Szacuje się, że długość jego ciała wynosiła 32--34 m. Szczątki tego roślinożercy zostały odkryte w prowincji Neuquen w Argentynie w 2000 roku. Ogółem odnaleziono ok. 70% szkieletu, co badacze uważają za jak dotąd najbardziej kompletne skamieliny tak wielkiego dinozaura.

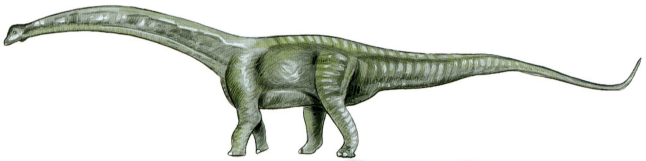

Gallimim

Gallimim był dinozaurem z grupy ornitomimozaurów. Zamieszkiwał dzisiejszą środkową Azję w późnej kredzie. Jego sylwetka przypominała sylwetkę strusia, ale była dodatkowo wyposa-żona w długi ogon spełniający funkcję przeciwwagi i stabilizatora podczas szybkich

28 MAJA

skrętów. Zwierzę to było dobrym biegaczem ze względu na budowę ciała, czyli lekkie kości i długie kończyny tylne, na których się poruszało. Inne jego cechy charakterystyczne to: długa szyja, niewielka głowa z dużymi oczami, spłaszczony bezzębny dziób oraz trójpalczaste dłonie i stopy z pazurami.

29 MAJA

Gargojleozaur

Gargojleozaur był rodzajem niewielkiego roślinożernego dinozaura z rodziny ankylozaurów. To czworonożne zwierzę osiągało długość ok. 3 m, wysokość ponad 1 m i wagę ok. 1 t. Żyło w okresie późnej jury, ok. 155--144 milionów lat temu. Jego ciało chronione było przez pancerz i dodatkowo, przez rosnące wzdłuż boków kolce. Gargojleozaur miał również dziób i zęby policzkowe. Żywił się niskopienną roślinnością, np. sagowcami, paprociami czy roślinami iglastymi.

Garudimim

Garudimim był jednym z wielu dinozaurów odnalezionch podczas sowiecko-mongolskich wypraw paleontologicznych w latach 70. XX wieku. Jego nazwa oznacza „udający Garudę" i pochodzi od imienia mitycznego w hinduizmie ptaka – Garudy.

Ten prymitywny ornitomimozaur wyróżniał się bezzębnym dziobem

30 MAJA

oraz krótkim, podobnym do rogu, grzebieniem na pysku. Nie był aż tak dobrym biegaczem, jak żyjące nieco później spokrewnione z nim dinozaury. Miało to związek z inną budową miednicy i stóp.

Garudimim został umieszczony w monotypowej rodzinie garudymimów.

365 dinozaurów

31 MAJA
Gazozaur

Gazozaur był mięsożernym dinozaurem z grupy tetanurów, który żył w okresie jury, ok. 164 milionów lat temu. Osiągał ok. 3,5-4 m długości, 1,3 m wysokości, a waga największych osobników dochodziła do 400 kg. Jego skamieliny odnaleziono w Chinach podczas budowy węzła gazowniczego, co wyjaśnia niecodzienną nazwę zwierzęcia oznaczającą „gazowy jaszczur". Opisu dokonali paleontolodzy Dong Zhiming i Tang Zilu. Pozycja systematyczna gazozaura nie została jednak dokładnie określona ze względu na fragmentaryczność szczątków. Ustalono, że jak większość teropodów miał silne kończyny tylne, krótkie kończyny przednie i mocne szczęki.

Czerwiec

Uważa się, że zwierzę to żyło w stadach, co prawdopodobnie pomagało w obronie przed drapieżnymi dinozaurami.

1 CZERWCA

Gasparinizaura

Ten niewielki roślinożerny dinozaur żył w okresie późnej kredy, ok. 90-83 milionów lat temu. Jego szczątki zostały odnalezione w Argentynie. Nazwa Gasparinizaura została nadana na cześć dr Zulmy B. Gasparini – argentyńskiego paleontologa specjalizującego się w mezozoicznych gadach zamieszkujących tereny Patagonii. Gasparinizaura charakteryzowała się długimi nogami, krótkimi ramionami i stosunkowo małym pyskiem zakończonym dziobem.

Geniodektes

Geniodektes był teropodem i należał do grupy ceratozaurów. Jego nazwa znaczy „szczęki, które gryzą" i odnosi się do zakrzywionych, dużych i ostrych zębów, którymi wyróżniał się ten dwunożny mięsożerca. Znany jest on również z niezbyt dobrego zbalansowania ciała, ze względu na stosunkowo krótki ogon i ciężką sylwetkę. Geniodektes żył w okresie późnej kredy, ok. 80 milionów lat temu. Osiągał długość 7-9 m. Został opisany w 1901 roku przez angielskiego paleontologa Sir Arthura S. Woodwarda na

2 CZERWCA

podstawie materiału odnalezionego na terytorium Argentyny i obejmującego fragment szczęki oraz kilka zębów.

3 CZERWCA

Geranozaur

Geranozaur był małym dwunożnym dinozaurem osiągającym długość ok. 1,2 m. Uważa się, że należał do wczesnych przedstawicieli roślinożernych ornitopodów i wyginął ok. 200 milionów lat temu. Jedynymi szczątkami, które udało się odnaleźć w RPA, są kości szczęki, na podstawie których został sklasyfikowany jako dinozaur ptasiomiedniczny. Geranozaur miał zęby, którymi rozdrabniał pokarm, jak również niewielkie kły. Jego nazwa oznacza „żurawi jaszczur". W celach obronnych prawdopodobnie grupował się w niewielkie stada.

Giganotozaur

4 CZERWCA

Ten mięsożerny dinozaur zaliczany do rodziny karcharodontozaurów żył w okresie późnej kredy, ok. 90 milionów lat temu. Posiadał masywną sylwetkę i szczęki pełne niezwykle ostrych zębów o piłkowanych krawędziach. Prawdopodobnie polował na olbrzymie zauropody, które zamieszkiwały wówczas dzisiejszą Amerykę Płd. Ostatnie odkrycia dowodzą, że ten olbrzym mógł mierzyć ok. 14 m, co czyniłoby go większym nawet od tyranozaura rexa. Po raz pierwszy szczątki giganotozaura zostały odkryte w Argentynie w 1994 roku przez Rubena Caroliniego.

365 dinozaurów

5 CZERWCA

Gigantoraptor

Gigantoraptor był ogromnym dinozaurem z grupy owiraptorozaurów, który żył ok. 85 milionów lat temu w późnej kredzie. Jego szczątki zostały odnalezione przez paleontologa Xing Xu z Instytutu Paleontologii Kręgowców i Paleoantropologii w Pekinie oraz jego współpracowników. Początkowo, w oparciu o rozmiar zwierzęcia uznali oni, że należał do tyranozaurów. Później jednak, odnalezienie fragmentów dzioba i kości kończyn spowodowało, że przypisano go do owiraptorozaurów.

Gigantoraptor był największym pozbawionym zębów dinozaurem jakiego kiedykolwiek znaleziono. Mierzył ok. 8 m i ważył ok. 1,4 t. Jego waga około trzystukrotnie przekraczała wagę prymitywnych przedstawicieli tej grupy, takich jak kaudipteryks lub protarcheopteryks. Dieta gigantoraptora jest trudna do określenia, ponieważ wykazywał on zarówno cechy roślinożercy (niewielka głowa i długa szyja), jak również – mięsożercy (obecność ostrych pazurów).

6 CZERWCA

Jurawenator

Jurawenator był rodzajem niewielkiego, osiągającego długość ok. 70 cm celurozaura, który zamieszkiwał bawarskie góry Jura ok. 150 milionów lat temu. Był to mięsożerny dinozaur z ostrymi pazurami, którymi przytrzymywał swoją ofiarę. Jego skamieliny zostały znalezione w 1998 roku. Ustalono, że był blisko spokrewniony z opierzonymi: sinozauropteryksem i sinokaliopteryksem. Tym dziwniejszy wydał się badaczom brak śladów piór u jurawenatora. Jest wiele możliwych wyjaśnień tego faktu, m.in. że odnaleziony osobnik był młody i nieopierzony. Zwierzę to mogło również okresowo tracić upierzenie.

7 CZERWCA

Gilmorozaur

Gilmorozaur był kaczodziobym dinozaurem żyjącym nz terenie dzisiejszej Azji w okresie późnej kredy, ok. 99-65 milionów lat temu. Osiągał długość ok. 8 m i żywił się pokarmem roślinnym. W obrębie tego rodzaju wyróżniono trzy gatunki: *Gilmoreosaurus mongoliensis*, *Gilmoreosaurus atavus* oraz *Gilmoreosaurus kysylumensis*. W 2003 roku odkryto, że zwierzęta te cierpiały na nowotwory, takie jak: naczyniak krwionośny, desmoplastyczny włókniak i kostniak zarodkowy.

Giraffatitan

8 CZERWCA

Giraffatitan to ogromny roślinożerny dinozaur, który zamieszkiwał dzisiejszą Afrykę w okresie późnojurajskim, ok. 154-142 milionów lat temu. Jego nazwa znaczy „żyrafi tytan". Zwierzę to było blisko spokrewnione z żyjącym w Ameryce Płn. brachiozaurem (przez wielu do tej pory nie jest uznawane za osobny rodzaj, lecz za podrodzaj w obrębie rodzaju *Brachiosaurus*). Osiągało wzrost ok. 23 m i wagę ok. 89 t. Podobnie jak brachiozaur, giraffatitan miał kończyny przednie dłuższe niż tylne oraz długą szyję. Cechy te pozwalały mu dosięgnąć listowia na czubkach wysokich drzew. Giraffatitan pochłaniał dziennie ok. 2 t roślin. Jego szczątki zostały odnalezione w Tanzanii.

9 CZERWCA
Glacjalizaur

Glacjalizaur był prymitywnym zauropodomorfem z wczesnojurajskiej formacji Hanson na terenie dzisiejszej Antarktydy. Jego nazwa znaczy "lodowy jaszczur" i odnosi się do regionu Lodowca Beardmore'a w Górach Transantarktycznych, gdzie odnaleziono szczątki (część kości kończyny tylnej i stopy) tego dinozaura. W obrębie rodzaju *Glacialisaurus* wyodrębniono gatunek typowy *Glacialisaurus hammeri*, któremu nazwę nadano na cześć wybitnego paleontologa – Williama R. Hammera. Opisu dokonali w 2007 roku Nathan Smith i Diego Pol.

10 CZERWCA
Pelekanimim

Pelekanimim był jednym z pierwszych przedstawicieli ornitomimozaurów. Ten wszystkożerny dinozaur żył we wczesnej kredzie na terenie dzisiejszej Europy. Jego skamieliny zostały znalezione w Hiszpanii. Pelekanimim posiadał wiele nietypowych dla grupy, z której pochodził, cech, np. długie szczęki uzbrojone w ok. 220 zębów. Zebrany materiał ujawnił również, że zwierzę to charakteryzowało się niewielkim grzebieniem, prawdopodobnie z keratyny, wyrastającym z tyłu głowy oraz worem skórnym przy podgardlu, podobnym jak u współczesnych pelikanów. Z inspiracji tym podobieństwem powstała nazwa oznaczająca "udający pelikana".

11 CZERWCA

Gondwanatytan

Gondwanatytan należał do rodziny tytanozaurów. Jego szczątki, w tym czaszka, zostały odnalezione na terenie obecnej Brazylii przez amerykańskiego paleontologa kręgowców – Louisa L. Jacobsa. W okresie późnej kredy, ok. 70 milionów lat temu, kiedy gondwanatytan zamieszkiwał Ziemię, był tu ogromny pradawny kontynent – Gondwana, skąd zaczerpnięto pomysł na jego nazwę. Dinozaur ten poruszał się na czterech nogach i posiadał długą szyję, dzięki której mógł zrywać pędy i liście z czubków drzew. Gatunek typowy o nazwie *Gondwanatitan faustoi* został opisany przez Kellnera i de Azevedo w 1999 roku.

Gorgozaur

12 CZERWCA

Gorgozaur był przedstawicielem grupy tyranozauroidów i zamieszkiwał zachodnie tereny dzisiejszej Ameryki Płn. w późnej kredzie, ok. 77-74 milionów lat temu. Jego szczątki znaleziono w kanadyjskiej prowincji Alberta oraz prawdopodobnie w stanie Montana w Stanach Zjednoczonych. Określono gatunek typowy – *Gorgosaurus libratus*. Jak większość znanych tyranozauroidów, gorgozaur był dwunożnym drapieżnikiem osiągającym wagę przekraczającą 1 t. Ponadto, miał tuziny dużych ostrych zębów i krótkie przednie kończyny. Był blisko spokrewniony z albertozaurem. Gorgozaur polował na ceratopsy i ornitopody.

13 CZERWCA
Gojocefal

Gojocefal był jednym z niewielu znanych płaskogłowych pachycefalozaurów. Zamieszkiwał tereny dzisiejszej środkowej i wschodniej Azji w późnej kredzie podobnie jak spokrewnione z nim homalocefal i wannanozaur. Jego szczątki zostały odkryte podczas polsko-mongolskich ekspedycji paleontologicznych na pustynię Gobi i opisane w 1982 roku. Zwierzę to budową przypominało inne pachycefalozaury. Osiągało długość ok. 2 m i charakteryzowało się grubymi kośćmi czaszki oraz wzmocnionym skostniałymi ścięgnami kręgosłupem, co prawdopodobnie pomagało zamortyzować siłę uderzenia podczas walk z użyciem głowy. Szczęki gojocefala zaopatrzone były w zęby, które mógł obnażać, aby odstraszyć przeciwnika.

Graciliraptor

14 CZERWCA

Ten mięsożerny dinozaur z rodziny dromeozaurów żył we wczesnej kredzie na terenach dzisiejszej wschodniej Azji. Wyglądem przypominał ptaka. Jego skamieliny odnaleziono w formacji Yixian w chińskiej prowincji Liaoning, w której odkryto również szczątki innych wczesnych dromeozaurów, takich jak: sinornitozaur i mikroraptor. Graciliraptor został opisany w 2004 roku przez Xu i Wanga na podstawie części szczęki, prawie kompletnych kończyn, fragmentu kręgu i kilku zębów.

15 CZERWCA

Gracilizuch

Gracilizuch był rodzajem należącym do grupy *Crurotarsi*, do której zalicza się również przodków krokodyli. Żył w środkowym triasie, ok. 235-225 milionów lat temu. Jego szczątki po raz pierwszy zostały odnalezione w Ameryce Płd. w latach 70. XX wieku. Zwierzę to osiągało długość ok. 30 cm i było szybkim dwunożnym biegaczem, chociaż często poruszało się również na czterech kończynach. Charakteryzowało się długim ogonem i krótkim pyskiem. Gracilizuch był mięsożerny i żywił się głównie owadami oraz niewielkimi kręgowcami.

Heterodontozaur

16 CZERWCA

Heterodontozaur był niewielkim roślinożernym dinozaurem o lekkiej budowie. Długość jego ciała dochodziła do 1,3 m, wysokość do 50 cm, a waga do 19 kg. Miał długie kończyny tylne, krótsze kończyny przednie oraz długi sztywny ogon. Jego pysk zakończony był dziobem, a szczęki zaopatrzone w trzy rodzaje zębów służące do odrywania, gryzienia i rozdrabniania pokarmu. Pierwsze skamieliny heterodontozaura zostały odnalezione w RPA i opisane w 1962 roku przez Alana J. Chariga oraz Alfreda W. Cromptona.

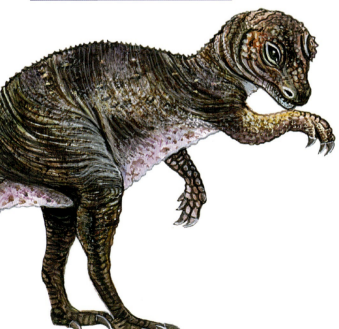

17 CZERWCA

Homalocefal

Homalocefal był dinozaurem należącym do pachycefalozaurów, żyjącym w okresie późnej kredy na terenie dzisiejszej Azji. Osiągał długość ok. 3 m. Miał płaską czaszkę wzmocnioną na szczycie kostnymi guzami oraz sztywny ogon, który pomagał mu zachować równowagę w czasie ruchu. Homalocefal był dwunożny, ale mógł również poruszać się na czterech kończynach, aby zdobyć pożywienie. Jako jarosz żywił się głównie roślinami, owocami i nasionami. Prawie kompletny szkielet tego zwierzęcia został odnaleziony w Mongolii w 1901 roku. Opisu dokonały Teresa Maryańska i Halszka Osmólska w 1974 roku.

18 CZERWCA

Huajangozaur

Jego nazwa oznacza „jaszczur z Huayang" (inna nazwa chińskiej prowincji Syczuan) i odnosi się do miejsca, w którym zostały odnalezione szczątki tego czworonożnego dinozaura. Był on jednym z najwcześniejszych przedstawicieli grupy stegozaurów. Żył w okresie środkowej jury. Charakteryzował się kwadratową głową, krótkim pyskiem oraz kolcami, które biegły wzdłuż grzbietu, chroniły kończyny i stanowiły zakończenie ogona. Zwierzę to żywiło się roślinami, których prawdopodobnie nie rozdrabniało, ale połykało je w całości.

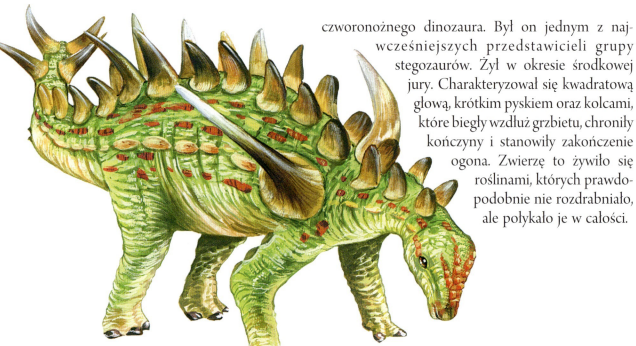

19 CZERWCA

Hileozaur

Hileozaur był opancerzonym, czworonożnym, roślinożernym dinozaurem żyjącym we wczesnej kredzie, ok. 135-119 milionów lat temu. Wyglądem przypominał swojego bardziej zaawansowanego krewnego – ankylozaura, nie posiadał jednak ani ogona zakończonego kostną maczugą, ani rogów na głowie. Hileozaur osiągał długość ok. 4 m. Miał wąską głowę, bezzębny kostny dziób i długi ciężki ogon. Jego ciało pokrywał pancerz, a dodatkową ochronę przed drapieżnikami stanowiły kolce. Zwierzę to zostało opisane w 1833 roku przez brytyjskiego paleontologa Gideona A. Mantella.

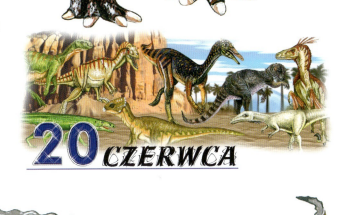

20 CZERWCA

Hipakrozaur

Hipakrozaur był dużym, roślinożernym, kaczodziobym dinozaurem, podobnym do korytozaura. Długość jego ciała wynosiła ok. 9 m. Charakteryzował się bezzębnym dziobem, mnóstwem zębów policzkowych, tworzących baterie zębowe, oraz krótkimi kolcami, które biegnąc wzdłuż grzbietu, formowały grze-bień. Hipakrozaur żył w okresie kredy, ok. 72-70 milionów lat temu. Uważa się, że prowadził stadny tryb życia, zamieszkiwał wilgotne lasy wzdłuż wybrzeży, a w celach prokreacji przenosił się na wyżej położone tereny.

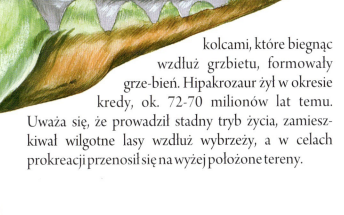

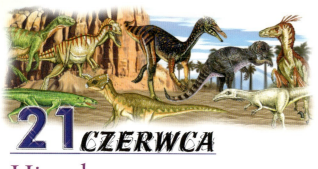

21 CZERWCA

Hipselozaur

Ten średniej wielkości zauropod zamieszkiwał dzisiejszą Europę w okresie późnej kredy, ok.. 70--65 milionów lat temu. Mierzył ok. 12 m. Posiadał długi ogon, długą szyję oraz niewielką głowę z małymi zębami. Co niezwykle interesujące, przy jego szczątkach, odkrytych na południu Francji, znaleziono ogromne jaja oraz kawałki skorup. Na podstawie pozyskanego materiału Philippe Matheron w 1869 roku dokonał opisu hipselozaura.

Hipsylofodon

Hipsylofodon był ornitopodem żyjącym we wczesnej kredzie na terenie dzisiejszej Europy. To dwunożne roślinożerne zwierzę charakteryzowało się silnymi kończynami tylnymi, czteropalczastymi stopami, pięciopalczastymi dłońmi, dużymi oczami i kostnym dziobem. Posiadało również ok. 30 zębów. Hipsylofodon osiągał długość ok. 2 m. Jego liczne szczątki odnaleziono w Anglii. Po raz pierwszy rodzaj ten został opisany przez Thomasa H. Huxleya w 1870 roku.

22 CZERWCA

23 CZERWCA
Iguanodon

Ten roślinożerny dinozaur, z charakterystycznym ostrym kolcem zamiast kciuka, należał do grupy ornitopodów. Żył w okresie wczesnej kredy. Mógł mierzyć ok. 10 m i ważyć do 4 t. Najprawdopodobniej żył w stadach. Był stosunkowo szybkim biegaczem (chociaż chodził na czterech nogach, uciekał na dwóch), więc przed drapieżnikami ratował się ucieczką. Mógł je również odstraszać, wspomnianymi już, kolcami dłoni. Zwierzę to żywiło się sagowcami oraz innymi prehistorycznymi roślinami. Zrywało je swoim twardym dziobem, a rozdrabniało silnymi zębami policzkowymi.

24 CZERWCA
Incisivosaurus

Incisivosaurus jest najstarszym znanym przedstawicielem grupy owiraptorozaurów. Ten mały, prawdopodobnie roślinożerny, dinozaur żył we wczesnej kredzie na terytorium dzisiejszych Chin. Był dwunożnym zwierzęciem, które potrafiło osiągać duże prędkości. Incisivosaurus wyróżniał się uzębieniem: dwa przednie zęby były duże i przypominały siekacze gryzoni, natomiast zęby policzkowe – niewielkie, podobne do uzębienia świni.

25 CZERWCA

Indozuch

Indozuch był prymitywnym teropodem należącym do rodziny abelizaurów. Początkowo uważano, że mógł być tyranozauroidem, ale później zauważono bardzo duże podobieństwo do abelizaura. Indozuch osiągał ok. 6 m długości i zamieszkiwał tereny Indii w okresie późnej kredy, ok. 70-65 milionów lat temu. Jak większość teropodów był dwunożnym mięsożernym dinozaurem. W 1933 roku opisali go Friedrich von Huene i Charles A. Matley.

Tarchia

Tarchia była rodzajem dużego roślinożernego dinozaura z rodziny ankylozaurów żyjącego w okresie późnej kredy. Zwierzę to charakteryzowało się masywną sylwetką, ogromną czaszką oraz szerokim zaokrąglonym dziobem. Jego grzbiet i głowę pokrywał zbudowany z płyt i kolców pancerz, a dodatkową obronę przed drapieżnikami stanowiła kostna maczuga wieńcząca ogon, którą tarchia mogła wywijać we wszystkich kierunkach i w ten sposób odstraszać przeciwnika.

26 CZERWCA

27 CZERWCA

Irritator

Irritator był mięsożernym dinozaurem, który żywił się rybami. Żył w okresie kredy, ok. 110 milionów lat temu na terenie dzisiejszej Brazylii. Udało się odnaleźć jedynie mierzącą 80 cm czaszkę tego zwierzęcia, na podstawie której David M. Martill i jego zespół dokonali opisu. Irritator został sklasyfikowany jako teropod z rodziny spinozaurów. Prawdopodobnie był dinozaurem średniej wielkości, osiągającym długość 8 m.. Przypuszcza się, że – podobnie jak spinozaur – mógł mieć „żagiel" biegnący wzdłuż grzbietu.

Plakodus

Ten rodzaj morskiego gada należący do rzędu plakodontów żył w triasie, ok. 210 milionów lat temu. Jego szczątki zostały odnalezione w Alpach. Zwierzę to osiągało długość ok. 2 m i charakteryzowało się przysadzistą sylwetką oraz krótkimi kończynami z palcami prawdopodobnie spiętymi błoną pławną. Plakodus miał również spłaszczony długi ogon, krótką szyję, ostre i skierowane na zewnątrz przednie zęby oraz szerokie i płaskie tylne zęby. Chociaż był zdolny do wychodzenia na ląd, to większe szanse zdobycia pożywienia miał w wodzie. Jego dieta składała się ze skorupiaków i mięczaków, które wyławiał z podłoża, prawdopodobnie chwytając je przednimi zębami, a następnie miażdżył za pomocą tylnych.

28 CZERWCA

365 dinozaurów

29 CZERWCA

Janenszja

Był to ogromny roślinożerny dinozaur, którego długość ciała wynosiła ok. 24 m. Zwierzę to żyło w jurze, ok. 156-150 milionów lat temu. Posiadało długi ogon, długą szyję, małą głowę i nieostre zęby. Ten zauropod z grupy tytanozaurów mógł charakteryzować się również kostnymi płytami biegnącymi wzdłuż grzbietu. Szczątki janenszji, w tym: kończyny przednie, kończyny tylne z trzema pazurami oraz kręgi, zostały odnalezione w Tanzanii. Nazwę zwierzęciu nadał w 1991 roku Rupert Wild na cześć niemieckiego paleontologa Wernera Janensch.

Jaksartozaur

Jaksartozaur był kaczodziobym dinozaurem z rodziny hadrozaurów z kostnym grzebieniem na głowie. Wyglądem przypominał korytozaura. Żył w okresie późnej kredy, ok. 91-83 milionów lat temu i był roślinożercą. Charakteryzował się bezzębnym dziobem, którym zrywał pożywienie oraz licznymi mocnymi zębami policzkowymi o płaskiej koronie, którymi je miażdżył. Zmysły tego zwierzęcia były wyczulone i ostrzegały go o zbliżającym się niebezpieczeństwie. Podczas biegu wyciągał do przodu szyję i naprężał ogon, aby utrzymać równowagę.

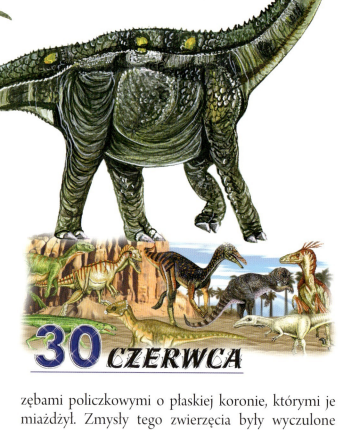

30 CZERWCA

Lipiec

1 LIPCA

Pierwsze szczątki kentrozaura zostały odkryte podczas niemieckiej wyprawy w latach 1909-1912 na tereny wschodniej Afryki. Opisu dokonał Edwin Hennig w 1915 roku. Prawie kompletny szkielet kentrozaura został przewieziony do Muzeum Historii Naturalnej w Berlinie, ale podczas II wojny światowej uległ niestety zniszczeniu.

Kentrozaur

Kentrozaur należał do rodziny stegozaurów i żył w okresie późnej jury, ok. 156-150 milionów lat temu. Był powolnym czworonożnym zwierzęciem. Jego tylne kończyny, dużo dłuższe niż przednie, pozwalały mu przyjąć na krótko pozycję dwunożną w celu zdobycia pożywienia rosnącego wysoko. Zwierzę to było uzbrojone w ułożone parami kostne płyty i potężne kolce, których funkcja nie została do końca poznana. Uważa się, że mogły one służyć do obrony. Niektórzy naukowcy sądzą również, że płyty służyły do regulacji temperatury ciała.

Kentrozaur osiągał długość ok. 5 m i ważył ok. 1 t. Jego dieta składała się z roślin, takich jak paprocie i sagowce, których każdego dnia musiał zjeść mnóstwo, aby dostarczyć swojemu organizmowi wystarczającą ilość pożywienia. Dinozaur ten miał bardzo dobrze rozwinięty zmysł węchu. Charakteryzował się również długą i wąską czaszką, bezzębnym dziobem, niewielkimi zębami policzkowymi oraz przypominającymi kopyta pazurami.

2 LIPCA
Jeholornis

Jeholornis był prymitywnym ptakiem, który żył we wczesnej kredzie, ok. 120 milionów lat temu. Zamieszkiwał on tereny obecnych Chin. Skamieliny jeholornisa zostały odnalezione właśnie na terytorium tego państwa, a dokładniej w chińskiej prowincji Habei. Na ich podstawie okazało się, że zwierzę to miało dobrze rozwinięte szczęki, z których wyrastały zęby. Zawartość żołądka, która zawierała resztki nasion, dostarczyła natomiast informacji o jego diecie.

3 LIPCA
Kritozaur

Ten ogromny kaczodzioby dinozaur był jednym z największych przedstawicieli rodziny hadrozaurów. Osiągał wagę dochodzącą do 3 t i wysokość w biodrze prawie 3 m. Cechą charakterystyczną tego dwunożnego roślinożercy była kostna narośl na pysku. Miał on również długi i ciężki ogon. Przednie kończyny kritozaura były stosunkowo krótkie i rzadko używał ich do przemieszania się. Spełniały one swoją funkcję raczej podczas posiłków lub przygotowania gniazda.

365 dinozaurów

4 LIPCA

Beklespinaks

Nazwa tego dinozaura oznacza „kolce Becklesa" i została mu nadana na cześć brytyjskiego kolekcjonera skamieniałości Samuela Becklesa, który w 1884 roku odnalazł szczątki tego zwierzęcia. Niewiele wiadomo na temat beklespinaksa i dlatego czasami jest on mylony z innymi dinozaurami, np. z megalozaurem. Beklespinaks prawdopodobnie żywił się padliną. Miał ostre zęby i zakrzywione pazury. Osiągał długość ok. 8 m. Zamieszkiwał tereny dzisiejszej południowej Anglii i Niemiec we wczesnej kredzie, ok. 120 milionów lat temu.

Lambeozaur

Lambeozaur był rodzajem dinozaura należącym do rodziny hadrozaurów. Żył w okresie późnej kredy, ok. 76-75 milionów lat temu na obszarze dzisiejszej Ameryki Płn. Zwierzę to miało charakterystyczne wyrostki na głowie, kaczy dziób oraz zęby policzkowe, które tworzyły baterie zębowe (każda zawierała ponad 100 zębów) i pozwalały na rozdrabnianie pokarmu. Lambeozaur poruszał się na czterech kończynach i był roślinożercą.

5 LIPCA

112

365 dinozaurów

Lielynazaura

6 LIPCA

Lielynazaura była niewielkim, osiągającym długość ok. 1 m, roślinożernym dinozaurem, który zamieszkiwał dzisiejszą Australię we wczesnej kredzie. Jego szczątki zostały odnalezione w jednym ze stanów tego państwa, w stanie Wiktoria. Zwierzę to należało do ornitopodów i wyróżniało się dużymi oczami.

Kości, które znajdowały się nad oczodołami, nadawały mu groźny i zacięty wygląd. Badania dowiodły, że lielynazaura miała bardzo dobrze rozwinięty wzrok i była jednym z najinteligentniejszych dinozaurów.

7 LIPCA

Jego odkrycie pokazuje nam wczesne stadium ewolucji rogatych dinozaurów i poświadcza, że ogromny triceratops i inni przedstawiciele tej grupy rozwinęli się od tego małego azjatyckiego dinozaura.

Liaoceratops

Liaoceratops jest najstarszym znanym przedstawicielem grupy ceratopsów. Zwierzę to żyło w okresie wczesnej kredy, ok. 130 milionów lat temu. Jego szczątki zostały odnalezione w formacji Yixian prowincji Liaoning przez amerykańskich i chińskich naukowców. Liaoceratops posiadał zaczątki rogu i kryzy kostnej – struktur charakterystycznych dla późniejszych ceratopsów.

8 LIPCA

Lilienstern

Lilienstern żył w okresie triasu, ok. 215-200 milionów lat temu na terenie dzisiejszej Francji i Niemiec. Był jednym z największych mięsożernych dinozaurów swoich czasów. Osiągał ok. 7 m długości i ważył ok. 200 kg. Miał dwunożną postawę oraz długie nogi, co ułatwiało bieg i prawdopodobnie pozwalało rozwijać duże prędkości. Charakteryzował się również grzebieniem na głowie, ostrymi zębami, pięciopalczastymi dłońmi oraz pazurami, którymi mógł chwytać ofiarę. Pomocny w zlokalizowaniu pożywienia był także dobrze rozwinięty zmysł wzroku i węchu. Uważa się, że lilienstern żywił się mniejszymi dinozaurami roślinożernymi, takimi jak: sellozaury lub efraazje.

Lilienstern początkowo został opisany przez Friedricha von Huene jako *Halticosaurus liliensterni*. Dopiero w 1984 roku Samuel P. Welles przemianował go na *Liliensternus liliensterni* (gatunek typowy) należący do osobnego rodzaju *Liliensternus*. Drugim gatunkiem był *Liliensternus airelensis*, który obecnie uważany jest za osobny rodzaj – *Lophostropheus*.

Mażungazaur

9 LIPCA

Teropod ten żył w okresie późnej kredy, ok. 67 milionów lat temu, na terenie obecnego Madagaskaru. Osiągał długość ok. 6 m, wagę ok. 1 t i w ówczesnym czasie był największym drapieżnikiem na swoim terenie. Jego pożywienie stanowiły tytanozaury i inne zauropody. Dowiedziono, że w przypadku ich braku mażungazaur żywił się również padliną, a nawet uprawiał kanibalizm. Na jego przykładzie potwierdzono także, że teropody charakteryzowały się układem oddechowym podobnym do tego, posiadanego przez współczesne ptaki.

10 LIPCA

Mapuzaur

Mapuzaur był ogromnym dinozaurem należącym do karnozaurów i żyjącym w późnej kredzie na terenie obecnej Argentyny. To właśnie tu, podczas argentyńsko-kanadyjskiej wyprawy w 1997 roku, odnaleziono pierwsze jego szczątki. Opisu dokonali w 2006 roku paleontolodzy Rodolfo Coria i Phil Currie. Nazwa Mapusaurus znaczy „jaszczur tego lądu" i pochodzi od słowa z języka Indian Mapuche – mapu („tego lądu", „tej ziemi") oraz gr. sauros („jaszczurka"). Mapuzaur rozmiarem przypominał giganotozaura, z którym był blisko spokrewniony. Mógł osiągać długość ok. 12,5 m oraz wagę ponad 3 t.

11 LIPCA

Masospondyl

Masospondyl był prozauropodem żyjącym na przełomie triasu i jury. Osiągał długość ok. 5 m. Miał długi ogon i szyję, małą głowę, pięciopalczaste dłonie, a na kciukach zakrzywione pazury. Zwierzę to poruszało się na czterech nogach i było szybkim biegaczem. Aby utrzymać masę ciała, większość czasu spędzało, jedząc. Masospondyl został opisany w 1854 roku przez Richarda Owena, a jego nazwa znaczy „solidny kręgosłup".

Omeizaur

Omeizaur był późnojurajskim zauropodem, który żył ok. 150 milionów lat temu. Jego nazwa oznacza „jaszczur z Omei" i nawiązuje do nazwy góry położonej w chińskiej prowincji Syczuan, gdzie odnaleziono szczątki tego olbrzyma. Omeizaur mógł osiągać ok. 19 m długości. Posiadał duży korpus, długą szyję oraz ogon dodatkowo zakończony, służącą prawdopodobnie do obrony, kostną maczugą. Zwierzę to miało również trójkątną czaszkę oraz szczęki zaopatrzone w co najmniej 60 zębów. Było czworonożnym roślinożercą.

12 LIPCA

365 dinozaurów

Naashoibitozaur

Ten rodzaj hadrozaura żył w późnej kredzie, ok. 73 milionów lat temu na terenie dzisiejszych Stanów Zjednoczonych. Jego szczątki zostały odnalezione w formacji Kirtland w stanie Nowy Meksyk. Opisu w 1993 roku dokonali Adrian Paul Hunt i Frederic Augustus Lucas. Naashoibitozaur był dużym, mierzącym ok. 10 m roślinożercą, który zrywał pożywienie rosnące do wysokości 4 m. Zbierał pokarm szerokim dziobem, po czym rozdrabniał go za pomocą zębów policzkowych.

Zwierzę to nie fruwało, ale jego długie nogi pozwalały na szybki bieg.

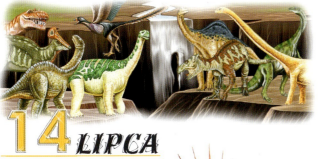

Nomingia

Nomingia była teropodem należącym do owiraptorozaurów i zamieszkującym tereny dzisiejszej środkowej Azji w okresie późnej kredy. Nazwa tego zwierzęcia odnosi się do miejsca, w którym odkryto jego szczątki, a mianowicie do regionu Nomingiin pustyni Gobi (teren dzisiejszej Mongolii). Nomingia osiągała długość ok. 1,5 m. Wyglądem, podobnie jak spokrewnione z nią kaudipteryks, owiraptor lub protarcheopteryks, przypominała ptaka. Uważa się, że jej ciało pokrywały pióra, a ogon zakończony był wachlarzem.

15 LIPCA
Megalozaur

Megalozaur żył na terenie dzisiejszej Europy w środkowej jurze, ok. 181-169 milionów lat temu. Uważa się, że w porównaniu z innymi dinozaurami miał wy-soki iloraz inteligencji. Zwierzę to było czołowym drapieżnikiem swoich czasów. Osiągało długość ok. 9 m, wysokość ok. 3 m i charakteryzowało się krótkimi kończynami przednimi, umięśnioną szyją oraz ogromną głową. Miało również mocne szczęki pełne ostrych zębów oraz ostre pazury. Takie cechy dawały temu dwunożnemu mięsożercy możliwość polowania na wielkie zauropody. Skamieliny megalozaura zostały odnalezione w Anglii. Formalnego opisu dokonano w 1824 roku.

Melanorozaur

16 LIPCA

Ten czworonożny roślinożerca żył w okresie późnego triasu, ok. 227-221 milionów lat temu. Jego szczątki odkryto na początku XX wieku na terenie RPA. Melanorozaur osiągał długość ok. 12 m, co mogło odstraszać niewielkie drapieżniki. Uważany za prozauropoda, obecnie zaliczany jest raczej do najwcześniejszych zauropodów. Chociaż nie udało się odnaleźć czaszki tego zwierzęcia, przyjmuje się, że posiadał, podobnie jak riochazaur, długą szyję i małą głowę.

Minmi

17 LIPCA

Minmi był pierwszym pancernym dinozaurem, którego szczątki odnaleziono na półkuli południowej. Odkrycia dokonano w Australii w 1960 (kilka kręgów) oraz w 1990 roku (prawie kompletny szkielet). Zwierzę to osiągało długość ok. 2 m i charakteryzowało się przysadzistą sylwetką wspartą na czterech kończynach, z których tylne były dłuższe niż przednie. Miało pokryty rzędami kostnych tarczy i wyrostków grzbiet, a także ogon, na którym znajdowały się dwa rzędy dużych, ostrych, pogrupowanych w pary kolców. Głowa minmi była płaska, szersza z tyłu i zwężająca się ku przodowi. Stwierdzono również obecność rogowego dzioba oraz zębów policzkowych.

18 LIPCA

Mononyk

Mononyk był niewielkim teropodem żyjącym w późnej kredzie, ok. 70 milionów lat temu w dzisiejszej środkowej Azji. Jak większość małych dinozaurów z tej grupy miał ciało pokryte piórami, a także szereg cech anatomicznych pozwalających uznać go za stadium pośrednie w ewolucji dinozaurów w ptaki. Mononyk poruszał się na dwóch długich i cienkich nogach. Mógł osiągać duże prędkości, co było użyteczne na otwartych pustynnych przestrzeniach, które zamieszkiwał. Dinozaur ten posiadał również niewielką głowę, duże oczy ułatwiające nocne polowania oraz małe i ostre zęby, które wskazują na dietę złożoną z owadów i niewielkich kręgowców.

365 dinozaurów

19 LIPCA

Muszaur

Roślinożerny muszaur zamieszkiwał suche, niemal pustynne środowisko południowych terenów dzisiejszej Argentyny w późnej kredzie, ok. 215 milionów lat temu. Uważa się, że żył w stadach. Ten niewielki dinozaur miał długi ogon i szyję, małą głową z wydłużonym pyskiem oraz ostre zęby. Charakteryzował się również dłuższymi od przednich kończynami tylnymi, na których stawał, aby dosięgnąć wyżej położonych części roślin. Zwierzę to prawdopodobnie połykało niewielkie kamienie, które w żołądku miażdżyły twardszy pokarm i w ten sposób ułatwiały proces trawienia.

Mutaburazaur

Mutaburazaur był rodzajem roślinożernego dinozaura należącego do grupy ornitopodów, a więc spokrewnionego, np. z kamptozaurem lub iguanodonem. Występował w okresie kredy, ok. 100-98 milionów lat temu na terenach, które teraz tworzą północno-wschodnią Australię.

20 LIPCA

Długość jego ciała wynosiła 7-9 m, a waga 1-4 t. Mutaburazaur wyróżniał się charakterystycznym pyskiem oraz płaskim dziobem. Miał również ostre zęby policzkowe, którymi mógł rozdrabniać twardsze części roślin, np. sagowców. Był czworonożny, ale potrafił stawać także na dwóch nogach. Jego opisu dokonali w 1981 roku Alan Bartholomai i Ralph Molinar.

Nanotyran

Nanotyran należał do tyranozaurów i zamieszkiwał tereny dzisiejszej Ameryki Pln. Ten mięsożerca najprawdopodobniej polował, czając się w ukryciu, a później znienacka atakując swoją ofiarę. Podobnie jak inne dinozaury tego typu on również charakteryzował się mocnymi szczękami oraz zębami o piłkowanych krawędziach. Osiągał wysokość ponad 3 m, długość ok. 5 m i wagę ok. 1 t. Udało się odnaleźć jedynie czaszkę nanotyrana, na podstawie której dokonano jego opisu.

21 LIPCA

ok. 19 m i ważył ok. 4 t. Jego najbardziej niezwykłą cechą był pysk, szerszy niż jakakolwiek inna część głowy i zaopatrzony w setki niewielkich ostrych zębów. Gdy któryś z nich ulegał zużyciu, na jego miejscu wyrastał kolejny.

22 LIPCA

Nigerzaur

Ten diplodokokształtny zauropod żył w okresie środkowej kredy na terenie Nigru. To właśnie tam Philippe Taquet odkrył pierwsze jego szczątki. Ze względu na puste kości skamieliny nie zachowały się zbyt dobrze, dlatego przez długi czas rodzaj ten był słabo poznany. W 1999 roku Paul Sereno i jego współpracownicy przedstawili opis zwierzęcia. Nigerzaur mierzył

23 LIPCA

Noazaur

Noazaur był drapieżnym dinozaurem występującym w okresie późnej kredy, ok. 75-65 milionów lat temu. Osiągał ok. 2 m długości i prawdopodobnie posiadał sierpowaty pazur na drugim palcu każdej ze stóp. Szczątki tego niewielkiego teropoda, obejmujące fragmenty czaszki, kręgi oraz kości nóg, zostały odnalezione w północno-zachodniej Argentynie. Na ich podstawie Jose Bonaparte i Jaime Powell w 1980 roku przedstawili opis zwierzęcia.

Nodozaur

24 LIPCA

Nodozaur był średniej wielkości czworonożnym dinozaurem, który osiągał długość ok. 6 m i posiadał zbudowany z kostnych guzów pancerz pokrywający jego ciało od szyi do końca ogona. Czaszka nodozaura była niewielka i wydłużona, nogi – silne i grube, a ramiona i miednica – dobrze rozwinięte, aby wytrzymać ciężar „zbroi". Zwierzę to było roślinożerne, a w jego diecie znajdowały się rośliny, takie jak paprocie czy sagowce. Szczątki nodozaura zostały odkryte w stanach Wyoming i Kansas w Stanach Zjednoczonych. Pierwszego opisu dokonał w 1889 roku Othniel C. Marsh.

122

365 dinozaurów

Notronych

25 LIPCA

Ten występujący w późnej kredzie, ok. 90 milionów lat temu teropod, pomimo przynależności do dinozaurów mięsożernych, wykazywał cechy świadczące o przystosowaniu do roślinożerności. Miał długą, cienką szyję, długie kończyny przednie ze zręcznymi dłońmi, niewielką głowę oraz tępo zakończone zęby. Szczątki notronycha zostały odnalezione na terenie Stanów Zjednoczonych (blisko granicy stanu Nowy Meksyk i Arizona) i opisane przez Jamesa Kirklanda oraz Douglasa Wolfe'a w 2001 roku.

26 LIPCA

Omdenozaur

Omdenozaur był jednym z pierwszych przedstawicieli zauropodów. Żył na terenie obecnej Europy w okresie wczesnej jury, ok. 191 milionów lat temu. Długość ciała tego czworonożnego roślinożercy wynosiła ok. 4 m. Jego skamieniałości odkryto na terenie Niemiec w gminie Ohmden (Badenia-Wirtembergia), której nazwa była inspiracją dla nazwy zwierzęcia. Opis omdenozaura przedstawił w 1978 roku Rupert Wild.

27 LIPCA

Olorotytan

Ten należący do lambeozaurów dinozaur zamieszkiwał tereny obecnej Rosji pod koniec kredy. Osiągał długość ok. 9 m. Jego głowa przyozdobiona była kostnym grzebieniem, którego prawdopodobnie używał do wydawania dźwięków. Zwierzę to żyło w stadach i było roślinożerne. Podstawę jego diety stanowiły liście, gałązki oraz igły roślin iglastych. Szczątki olorotytana zostały odnalezione i opisane przez Pascala Godefroita oraz jego współpracowników w 2003 roku.

Opistocelikaudia

Opistocelikaudia była średniej wielkości dinozaurem, który żył w okresie kredy w dzisiejszej środkowej Azji. Zwierzę to osiągało długość ok. 12 m i wysokość ok. 6 m. Aby dosięgnąć pożywienia rosnącego na najwyższych drzewach, miało zwyczaj stawania na tylnych nogach i podpierania się ogonem. Szczątki opistocelikaudii zostały znalezione w 1965 roku na pustyni

28 LIPCA

Gobi w Mongolii podczas polsko-mongolskiej wyprawy paleontologicznej. W 1977 roku Magdalena Borsuk-Białynicka uznała tego dinozaura za przedstawiciela rodziny kamarazaurów, ale w 1993 roku Leonardo Salgado i Rodolfo Coria dowiedli, że należał do saltazaurów.

Otnielia

Ten należący do ornitopodów dwunożny roślinożerca żył w późnej jurze, ok. 156-145 milionów lat temu. Mierzył ok. 1,5 m i ważył ok. 23 kg. Wyglądem przypominał hipsylofodona. Miał niewielką czaszkę, duże oczy, kostny dziób oraz zęby policzkowe. Charakteryzował się również długimi przystosowanymi do szybkiego biegu nogami oraz sztywnym ogonem, który podczas ruchu pomagał mu

29 LIPCA

utrzymać równowagę. Szczątki otnielii zostały odnalezione w stanach Kolorado i Utah w Stanach Zjednoczonych. W 1977 roku Peter M. Galton nadał zwierzęciu nazwę na cześć jego pierwszego odkrywcy – Othniela C. Marsha.

30 LIPCA

Ornitomim

Ornitomim występował w okresie późnej kredy na terenie dzisiejszej Ameryki Płn. i wyglądem nieco przypominał strusia. Ten dwunożny dinozaur miał długą szyję, zbudowaną jak u ptaka czaszkę i najprawdopodobniej był szybkim biegaczem. Osiągał długość ok. 3,5 m, wysokość ok. 2 m oraz wagę 100-150 kg. Zwierzę to charakteryzowało się dodatkowo długim ogonem oraz smukłymi kończynami przednimi, które mogły służyć do chwytania gałęzi podczas zdobywania pożywienia. W diecie wszystkożernego ornitomima znajdowały się zarówno rośliny i owoce, jak również owady, niewielkie gady i ssaki.

365 dinozaurów

31 LIPCA

Ornitolest

Ornitolest był niewielkim teropodem żyjącym w okresie późnej jury, ok. 156-145 milionów lat temu. Zamieszkiwał tereny, na których obecnie znajduje się Ameryka Płn. Zwierzę to osiągało długość ok. 2 m. i ważyło ok. 12 kg. Charakteryzowało się lekką budową ciała oraz małą głową. Była ona jednak masywniejsza niż czaszki wielu innych niewielkich teropodów, takich jak kompsognat czy celofyz, i umożliwiała szersze rozwarcie szczęk. Ornitolest posiadał również niewielki kostny grzebień na pysku, ostre zęby, szyję w kształcie litery s, czteropalczaste dłonie z pazurami oraz długi zwężający się ku końcowi ogon. Ten ostatni służył mu prawdopodobnie do utrzymania równowagi podczas biegu oraz szybkiej zmiany kierunku ruchu w czasie pogoni za ofiarą.

Ornitolest był mięsożercą, ale jego dokładna dieta jest nadal przedmiotem sporów wśród paleontologów. Henry F. Osborn podczas opisu zwierzęcia w 1903 roku stwierdził, że mogło ono polować na żyjące wów-czas ptaki. Robert T. Bakker przedstawił natomiast tezę, że podstawę diety ornitolesta stanowiły niewielkie ssaki. Szczątki tego dinozaura zostały odkryte w stanie Wyoming w Stanach Zjednoczonych w 1900 roku. Gatunkiem typowym jest *Ornitholestes hermanni*. Nazwa ta została mu nadana na cześć Adama Hermanna – preparatora z Amerykańskiego Muzeum Historii Naturalnej. Ornitolest znalazł również swoje miejsce w kulturze masowej. Wystąpił m.in. w „Wędrówkach z dinozaurami".

Sierpień

1 SIERPNIA

Owiraptor

Owiraptor zamieszkiwał tereny obecnej Mongolii. Dinozaur ten był teropodem osiągającym 2-3 m długości i przypominającym wyglądem ptaka. Charakteryzował się bezzębnym dziobem, dwoma niewielkimi zębami wyrastającymi z podniebienia oraz kostnym, lekkim, połączonym z nozdrzami grzebieniem na głowie. Reszta jego sylwetki, bardziej przypominająca budowę typowego teropoda, wyróżniała się m.in. długimi nogami z trójpalczastymi stopami oraz długim, wzmocnionym czterdziestoma kręgami ogonem. Uważa się, że owiraptor dzięki tym cechom oraz lekkiej budowie ciała był szybkim biegaczem mogącym osiągać prędkość do 70 km/h. Zwierzę to prawdopodobnie było wszystkożerne, a w jego diecie nie brakowało mięsa, jaj, nasion, owadów i roślin. W 1924 roku na pustyni Gobi w Mongolii znaleziono szczątki owiraptora ze zmiażdżoną czaszką leżącego na gnieździe obok jaj protoceratopsa. Przyjęto, że właśnie nimi się żywił i stąd też Henry F. Osborn nadał mu nazwę oznaczającą „pożeracz jaj".

2 SIERPNIA

Uranozaur

Uranozaur, którego nazwa znaczy „odważny jaszczur", żył w okresie późnej kredy na terenach pustynnych dzisiejszej zachodniej Afryki. Jego szczątki zostały odkryte w 1965 roku na Saharze na terytorium Nigru. Uranozaur osiągał długość ok. 7 m i wagę ok. 4 t. Zwierzę to miało sylwetkę typową dla przedstawicieli grupy iguanodonów, ale wyróżniał je biegnący od szyi do połowy ogona „żagiel" na grzbiecie, który, podobnie jak u spinozaura lub rebbachizaura, służył do regulacji ciepłoty ciała. Uranozaur mógł stać się ofiarą drapieżnych dinozaurów, takich jak spinozaur lub karcharodontozaur.

Pachycefalozaur

3 SIERPNIA

Pachycefalozaur, którego nazwa oznacza „grubogłowy jaszczur", występował w okresie późnej kredy na terenach, które obecnie stanowią Amerykę Płn. Jako największy przedstawiciel rodziny pachycefalozaurów, dinozaur ten charakteryzował się najgrubszym kostnym sklepieniem czaszki mierzącym aż 25 cm. Kopułę dodatkowo okalały kostne guzki. Taka budowa stanowiła doskonałą broń w walce z przeciwnikiem. Istnieje również przypuszczenie, że zwierzęta te używały głów do walk z innymi samcami w okresie godowym. Wadą tak grubego sklepienia głowy był natomiast mały mózg, dla którego nie zostawało już dużo miejsca.

365 dinozaurów

4 SIERPNIA

miał duży guz. Zwierzę to żyło w stadach i było jaroszem. Jego dietę stanowiły twarde, niskopienne rośliny, których fragmenty odrywał ostrym dziobem, a następnie przeżuwał je za pomocą zębów policzkowych.

Pachyrinozaur

Pachyrinozaur żył w okresie późnej kredy, ok. 72-68 milionów lat temu i należał do rodziny ceratopsów. Jego pierwsze skamieniałości zostały odnalezione w Kanadzie i opisane przez Charlesa M. Sternberga w 1950 roku. Dinozaur ten osiągał długość ok. 5,5 m i wagę ok. 4 t. Charakteryzował się kostną kryzą, ale na nosie zamiast ostrego rogu (jak u innych członków tej rodziny)

Panoplozaur

5 SIERPNIA

Ten pancerny dinozaur zamieszkiwał Amerykę Płn. ok. 75 milionów lat temu. Długość jego ciała wynosiła ok. 5,5 m, a waga ok. 3,5 t. Miał przysadzistą sylwetkę wspartą na czterech krótkich nogach, krótką szyję i sztywny ogon. Panoplozaur odżywiał się roślinami, takimi jak paprocie i sagowce. Jego opis w 1919 roku przedstawił kanadyjski paleontolog Lawrence Lambe, który opierał się na szczątkach odkrytych w formacji Judith River w kanadyjskiej prowincji Alberta. Skamieniałości panoplozaura odnaleziono również w stanie Montana w Stanach Zjednoczonych.

6 SIERPNIA

Paralitytan

Paralitytan był roślinożernym dinozaurem żyjącym w okresie późnej kredy na terenie obecnego Egiptu. Określany jako jeden z najmasywniejszych dinozaurów, osiągał wagę 65-80 t i długość ok. 26 m. Uważa się również, że był blisko spokrewniony z argentynozaurem. Jego największą obroną przed drapieżnikami był oczywiście jego rozmiar. Naukowcy podejrzewają jednak, że podobnie jak niektóre inne tytanozaury, paralitytan mógł być także zaopatrzony w kostne płytki wyrastające ze skóry i chroniące ciało.

7 SIERPNIA

Parazaurolof

Parazaurolof należał do rodziny hadrozaurów i charakteryzował się długim wyrostkiem na głowie. Posiadał również łyżkowaty kostny dziób, liczne zęby policzkowe, zwężający się ku końcowi ogon oraz palce, które jak się podejrzewa, mogły być spięte błoną pławną. Ten roślinożerca żył w późnej kredzie, ok. 76-65 milionów lat temu. Mierzył ok. 12 m i ważył ok. 2 t. Jego szczątki odnaleziono w kanadyjskiej prowincji Alberta oraz stanach Nowy Meksyk i Utah w Stanach Zjednoczonych. Opisu parazaurolofa dokonał William A. Parks w 1992 roku.

8 SIERPNIA

Parksozaur

Parksozaur żył w okresie kredy na terenie dzisiejszej Ameryki Płn. i należał do rodziny hipsylofodonów. Miał niewielką głowę, tępe zęby przypominające kształtem uzębienie świni, a także usztywniony ścięgnami ogon. Uważa się, że był bardzo dobrym biegaczem. Ten roślinożerca żywił się m.in. owocami i twardymi liśćmi. Nazwę nadał mu w 1937 roku Charles Sternberg na cześć Williama A. Parksa – znanego kanadyjskiego paleontologa, jednego z założycieli Royal Ontario Museum (Królewskiego Muzeum Ontario).

9 SIERPNIA

Patagozaur

Patagozaur był zauropodem opisanym przez Jose Bonapartego w 1979 roku. Jego nazwa znaczy „patagoński jaszczur" i odnosi się do miejsca odkrycia szczątków (Patagonia, Argentyna). Dinozaur ten żył ok. 150 milionów lat temu i był wielkim jurajskim roślinożercą. Długość jego ciała wynosiła ok. 18 m, a waga ok. 15 t. Wykazywał podobieństwo do cetiozaura.

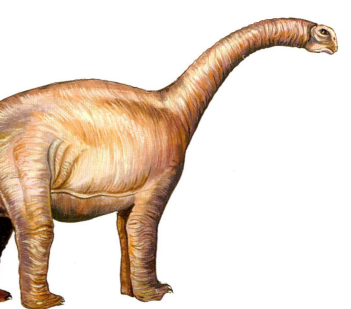

10 SIERPNIA

Torwozaur

Ten dwunożny mięsożerca żył w okresie późnej jury i był jednym z największych teropodów. Wyglądem przypominał tyranozaura, ale był od niego nieco mniejszy. Szacuje się, że osiągał 10-12 m długości i nawet 5 m wysokości. Szczątki największego osobnika, którego udało się odnaleźć, wskazują natomiast, że czaszka tego olbrzyma mogła mierzyć ponad 1,3 m.

Pentaceratops

11 SIERPNIA

Pentaceratops był dinozaurem z grupy ceratopsów, zamieszkującym dzisiejszą Amerykę Płn. w okresie późnej kredy, ok. 75-65 milionów lat temu. Zwierzę to osiągało długość ok. 8,5 m, wysokość ok. 3 m, a jego waga mogła dochodzić do 8 t. Ten przypominający wyglądem nosorożca dinozaur charakteryzował się wspartą na silnych nogach masywną sylwetką, krótkim ogonem, dużą kostną kryzą oraz trzema rogami na pysku. Jeden z nich, położony nad „papuzim" dziobem, skierowany był ku górze, natomiast dwa pozostałe, wyrastające wyżej i dłuższe, wyginały się do przodu. Służyły one prawdopodobnie do obrony przed drapieżnikami lub walki z przeciwnikiem w czasie godów.

12 SIERPNIA

Piatnickizaur

Piatnickizaur był rodzajem teropoda z rodziny megalozaurów występującego na terenie dzisiejszej Ameryki Płd. w okresie jury. Ten dwunożny mięsożerca o lekkiej budowie ciała mierzył ok. 4 m i ważył ok. 275 kg. Wyróżniał się silnymi kończynami tylnymi, krótkimi ramionami, długim sztywnym ogonem oraz ostrymi zębami. Był bardzo szybkim biegaczem. Pierwsze skamieliny piatnickizaura odnaleziono na terenie Argentyny w 1977 roku.

Pisanozaur

13 SIERPNIA

Ten jeden z najwcześniejszych dinozaurów ptasiomiednicznych żył w późnym triasie, ok. 210 milionów lat temu. Środowisko dzielił m.in. z rynchozaurami, cynodontami i prestozuchami. Był niewielkim roślinożernym zwierzęciem osiągającym długość ok. 1 m i wysokość ok. 30 cm. Jego lekka sylwetka pozwala na szybką ucieczkę przed drapieżnikami. Szczątki pisanozaura zostały odkryte w Argentynie, a jego nazwa upamiętnia argentyńskiego paleontologa Juana A. Pisano.

14 SIERPNIA

Koloradizaur

Koloradizaur był prozauropodem żyjącym pod koniec triasu, ok. 210 milionów lat temu. Zwierzę to mierzyło ok. 4 m i mogło poruszać się na czterech lub dwóch nogach. Jego przednie kończyny były krótsze niż tylne, na których stawał, aby dosięgnąć wyżej położonych części roślin. Koloradizaur żywił się m.in. roślinami iglastymi i sagowcami. Jego skamieniałości odnaleziono w argentyńskiej formacji Los Colorados, a opisu dokonał w 1978 roku Jose Bonaparte.

Drawidozaur

Drawidozaur był rodzajem prehistorycznego gada żyjącego w okresie późnej kredy, ok. 66 milionów lat temu. Początkowo uważano go za ostatniego przedstawiciela grupy stegozaurów. Później, w latach 90. XX wieku, uznano, że należał do plezjozaurów, jednak i to twierdzenie nie jest do końca pewne. Zwierzę to osiągało długość ok.

15 SIERPNIA

3 m i charakteryzowało się kostnymi kolcami, które wyrastały wzdłuż grzbietu i na ogonie. Szczątki drawidozaura zostały odnalezione w południowych Indiach.

365 dinozaurów

16 SIERPNIA

Prenocefal

Prenocefal był roślinożernym dinozaurem, który żył pod koniec kredy, ok. 83-65 milionów lat temu. Wyglądem przypominał jednego ze swoich najbliższych krewnych – pachycefalozaura, był jednak znacznie mniejszych rozmiarów. Podobnie do niego charakteryzował się natomiast grubym sklepieniem głowy z kostnymi guzkami i kolcami. Skamieliny prenocefala odkryto w 1974 roku na terenie Mongolii. Nazwa zwierzęcia oznacza „stroma głowa" i odnosi się do kształtu jego czaszki.

Probaktrozaur

17 SIERPNIA

Ten roślinożerny ornitopod z grupy iguanodonów osiągał długość 5-6 m i żył w okresie kredy na terenie dzisiejszej środkowej Azji. Zwierzę to posiadało sztywny, wzmocniony ścięgnami ogon, wąski pysk zakończony dziobem oraz długą żuchwę z licznymi płaskimi zębami policzkowymi. Budowa jego stopy z jednym odwiedzionym palcem pozwalała na chwytanie przedmiotów. Szczątki probaktrozaura zostały znalezione w Chinach. Nazwę nadał mu w 1966 roku Anatoly Rozhdestvensky.

18 SIERPNIA

Proceratozaur

Proceratozaur był niewielkim drapieżnym dinozaurem, który występował na terenie dzisiejszej Wielkiej Brytanii w jurze, ok. 200 milionów lat temu. Długość jego ciała wynosiła ponad 3 m, a waga ok. 100 kg. Początkowo ze względu na niewielki róg na pysku uznano go za przodka ceratozaura. Stąd też nazwa oznaczająca „przed ceratozaurem". Obecnie jednak uważany jest za przodka celurozaurów, takich jak: kompsognat czy późne tyranozauroidy, np. tyranozaur. Jako typowy mięsożerca proceratozaur charakteryzował się dużą głową, silnymi szczękami oraz ostrymi zębami. Posiadał również długie nogi i sztywny ogon. Został opisany w 1926 roku przez Friedricha von Huene.

Protoceratops

Protoceratops był prymitywnym ceratopsem żyjącym w okresie późnej kredy. Charakteryzował się dużą głową, pyskiem zakończonym dziobem oraz obecnością zębów policzkowych. Miał również niewielką kostną kryzę z tyłu głowy, która u samców przyjmowała prawdopodobnie większe rozmiary niż u samic i mogła być wykorzystywana do popisów godowych. Dinozaur ten mierzył ok. 2,5 m i ważył ok. 400 kg. Jego szczątki zostały odkryte na pustyni Gobi w Mongolii.

19 SIERPNIA

365 dinozaurów

20 SIERPNIA

Kwantazaur

Ten dwunożny roślinożerny dinozaur występował na terenie dzisiejszej Australii ok. 115 milionów lat temu. Jego nazwa pochodzi od nazwy australijskich narodowych linii lotniczych – Quantas. Zwierzę to wielkością odpowiadało współcześnie żyjącym kangurom. Długość jego ciała wynosiła bowiem ok. 1,8 m, a wysokość ok. 1 m. Miało również przystosowane do szybkiego biegu nogi oraz długi ogon, który pomagał utrzymać równowagę ciała. Skamieliny kwantazaura zostały odnalezione w 1996 roku w australijskim stanie Wiktoria. Opis zwierzęcia w 1999 roku przedstawili Tom Rich i Patricia Vickers-Rich.

Kwezytozaur

Kwezytozaur był ogromnym roślinożernym dinozaurem, który żył na terenie dzisiejszej Azji w okresie późnej kredy, ok. 80-65 milionów lat temu. Ten zauropod mógł osiągać długość nawet 23 m. Wyróżniał się niezwykle długą szyją, przypominającym bicz ogonem oraz szerokimi i masywnymi nogami. Adekwatnie do swoich gabarytów pochłaniał tony jedzenia, w których trawieniu przypuszczalnie pomagały znajdujące się w żołądku kamienie, tzw. gastrolity. Kwezytozaur mógł mieć również dobrze rozwinięty zmysł słuchu. Szczątki tego zwierzęcia odkryto na pustyni Gobi w Mongolii.

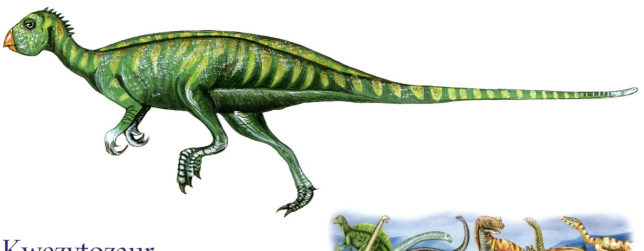

21 SIERPNIA

22 SIERPNIA

Rajazaur

Rajazaur był ogromnym rogatym teropodem występującym na terenie subkontynentu indyjskiego w okresie późnej kredy, ok. 65 milionów lat temu. Ten mięsożerca poruszał się na dwóch nogach i polował na roślinożerne zauropody zamieszkujące tamte tereny. Był niezwykle silnym zwierzęciem osiągającym długość 7-9 m i wagę 3-4 t. Jego skamieliny zostały odkryte w Indiach.

Rapetozaur

23 SIERPNIA

Ten osiągający 15 m długości czworonożny roślinożerca zamieszkiwał dzisiejszy Madagaskar w okresie późnej kredy, ok. 70-65 milionów lat temu. Jako typowy zauropod posiadał masywny korpus, bardzo długą szyję oraz smukły ogon. Jego czaszka przypominała tę należącą do diplodoków i była zaopatrzona w długi, wąski pysk oraz niewielkie ostro zakończone zęby, nadające się do zrywania pożywienia, ale nie do przeżuwania go. Rapetozaur został opisany przez Kristinę Curry Rogers i Catherine Forster w 2001 roku.

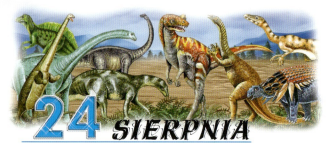

24 SIERPNIA

Riochazaur

Riochazaur był prozauropodem, którego szczątki odnaleziono w prowincji La Rioja w Argentynie i stąd nazwa oznaczająca „jaszczur z La Rioja". Zwierzę to żyło w okresie późnego triasu, ok. 225--219 milionów lat temu, mierzyło 9-11 m i charakteryzowało się długim ogonem, długą szyją, niewielką głową i masywnymi kończynami, których palce zakończone były pazurami. Kończyny tylne były nieco dłuższe niż przednie, a kości je tworzące – solidne i grube. Riochazaur był roślinożercą.

25 SIERPNIA

Sajchania

Sajchania była jednym z najlepiej chronionych dinozaurów. Jej ciało pokrywał kostny pancerz z ostrymi kolcami, a ogon zaopatrzony był w ciężką kostną maczugę. Zwierzę to występowało ok. 80 milionów lat temu w gorącym i suchym pustynnym klimacie, w miejscu gdzie obecnie znajduje się pustynia Gobi. Odkryto szereg cech, które mogą świadczyć o przystosowaniu do takiego środowiska. Jedną z nich była czaszka ze złożonym systemem korytarzy powietrznych, służących prawdopodobnie do chłodzenia wydychanego powietrza. Sajchania osiągała ok. 7 m długości i ważyła ok. 1 t. Została opisana przez polską paleontolog Teresę Marjańską w 1977 roku.

26 SIERPNIA

Saltazaur

Saltazaur był przedstawicielem grupy tytanozaurów, żyjącym w okresie późnej kredy, ok. 83-79 milionów lat temu na terenie dzisiejszej Ameryki Płd. Osiągał ok. 12 m długości i ważył ok. 7 t. Jego grzbiet i boki pokrywały owalne kostne płyty o chropowatej powierzchni i średnicy 10-11cm, które znalezione po raz pierwszy z dala od szkieletów uznano za należące do ankylozaurów. Saltazaur charakteryzował się również głową podobną do tej diplodoków, tępymi zębami policzkowymi oraz wydłużoną szyją. Posiadał także przysadziste kończyny, pięciopalczaste stopy oraz silny zwężający się ku końcowi ogon, który przypominał bicz. Saltazaur był czworonożnym roślinożercą, który prawdopodobnie żył w stadach. Jego szczątki po raz pierwszy odkryto w północno-zachodniej Argentynie w prowincji Salta, od której pochodzi nazwa zwierzęcia. Później skamieliny udało się również odnaleźć w Urugwaju. Saltazaur został opisany przez J. Bonapartego i J. Powella w 1980 roku.

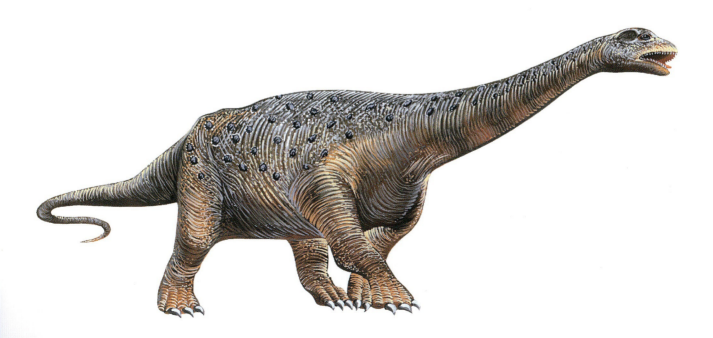

27 SIERPNIA

Saltopus

Ten prymitywny drapieżny dinozaur, którego nazwa znaczy „skacząca stopa", żył w późnym triasie na terenie, który dzisiaj stanowi terytorium Szkocji.

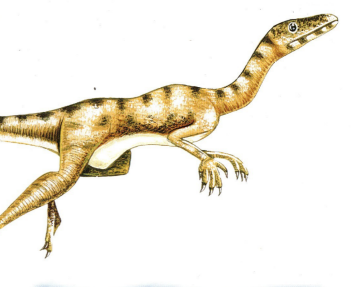

Był jednym z najmniejszych i najlżejszych dinozaurów, osiągał bowiem długość ok. 60 cm i wagę ok. 1 kg. Wyglądem przypominał spokrewnionego z nim prokompsognata. Saltopus cechował się lekkimi, pustymi w środku kośćmi, długą czaszką z mnóstwem niewielkich, ostrych zębów oraz pięciopalczastymi dłońmi. Poruszał się na dwóch nogach i był uważany za stosunkowo szybkiego biegacza. Jego opis przedstawił w 1910 roku Friedrick von Huene.

Zaurolof

Zaurolof był kaczodziobym dinozaurem z okresu późnej kredy, żyjącym ok. 72-68 milionów lat temu. Długość ciała tego zwierzęcia wynosiła 9-12 m, a jego cechą charakterystyczną była kostna, pusta w środku, wyrastająca z czoła narośl, która przypuszczalnie służyła do ozdoby i wydawania dźwięków. Zaurolof cechował się również bezzębnym dziobem,

28 SIERPNIA

setkami zębów policzkowych, palcami zaopatrzonymi w kopytka oraz długim zwężającym się ku końcowi ogonem. Był dwunożnym zwierzęciem, ale mógł również np. gdy poszukiwał pożywienia, poruszać się na czterech kończynach. Jego szczątki zostały odnalezione w kanadyjskiej prowincji Alberta oraz na terenie Mongolii. Opisu zaurolofa dokonał Barnum Brown w 1912 roku.

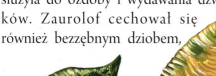

29 SIERPNIA

Zaurofaganaks

Zaurofaganaks był rodzajem teropoda z rodziny allozaurów, który występował na terenie dzisiejszej Ameryki Płn. w okresie późnej jury. Osiągał długość ok. 11 m. Przez niektórych paleontologów uważany jest za tożsamy z gatunkiem allozaura – *Allosaurus maximus*. Skamieliny zaurofaganaksa odkryto w formacji Morrison na terenie Stanów Zjednoczonych. Jego szkielet można podziwiać w Sam Noble Oklahoma Museum of Natural History.

Diceratops

Diceratops był dinozaurem z rodziny ceratopsów i żył w okresie późnej kredy na terenie dzisiejszej

30 SIERPNIA

Ameryki Płn. Jego nazwa oznacza „twarz z dwoma rogami" i odnosi się do wyglądu zwierzęcia. Diceratops przypominał spokrewnionego z nim triceratopsa i początkowo sądzono, że jest to jedno i to samo zwierzę. Później przyznano im jednak odrębny status ze względu na różnice w wyglądzie czaszki, diceratopsa cechował bowiem brak rogu na nosie i obecność okien w kostnej kryzie.

31 SIERPNIA

Drakopelta

Drakopelta była późnojurajskim roślinożernym dinozaurem żyjącym ok. 156-150 milionów lat temu na terenie dzisiejszej Europy. Osiągała długość ok. 2 m i należała do grupy ankylozaurów, której przedstawiciele charakteryzowali się potężnymi pancerzami. Jej ciało także pokrywał pancerz złożony z co najmniej pięciu różnych rodzajów kostnych wytworów – od bardzo małych guzów, poprzez kolce, do większych płytek, które mogły osiągać rozmiar 20x10cm. Zwierzę to cechowało się również bezzębnym dziobem oraz obecnością zębów policzkowych, a w jego diecie znajdowały się niskopienne rośliny, takie jak: paprocie, mniejsze sagowce oraz niewielkie rośliny iglaste. Szczątki drakopelty, obejmujące niekompletną klatkę piersiową oraz części pancerza, odnaleziono w Portugalii. Na ich podstawie w 1980 roku powstał opis autorstwa Petera M. Galtona.

Wrzesień

z pięciopalczastymi dłońmi, niewielką głowę oraz ostre zęby.

1 WRZEŚNIA

Lesotozaur

Lesotozaur był niewielkim roślinożernym dinozaurem, który prawdopodobnie osiągał ok. 1 m długości. Jego nazwa oznacza „jaszczur z Lesotho" i nawiązuje do miejsca, w którym po raz pierwszy odkryto jego szczątki. Lesotozaur wyróżniał się lekką budową ciała, długimi kończynami tylnymi oraz długimi stopami, co sugeruje, że potrafił szybko biegać. Miał również usztywniony skostniałymi ścięgnami ogon stanowiący przeciwwagę dla reszty ciała, krótkie ramiona

Einiozaur

Einiozaur był przedstawicielem ceratopsów. Osiągał długość ok. 7 m i żył w okresie późnej kredy. Jego cechą charakterystyczną była ogromna głowa z ostrym papuzim dziobem, dużą kostną kryzą oraz trzema rogami. Jeden z nich – zakrzywiony – chronił pysk zwierzęcia, podczas gdy dwa pozostałe – proste – wyrastały na szczycie kryzy. Ten roślinożerca żył w stadach, w których starsze osobniki opiekowały się młodszymi. Skamieliny einiozaurów odkryto w stanie

2 WRZEŚNIA

Montana w Stanach Zjednoczonych. Paleontolodzy sądzą, że zwierzęta te wyginęły z powodu braku wody.

3 WRZEŚNIA

Emauzaur

Emauzaur był wczesnojurajskim roślinożernym dinozaurem z grupy stegozaurów. Osiągał długość ok. 2 m i wyglądem przypominał dwukrotnie od siebie większego scelidozaura. Jego ciało pokrywał pancerz złożony m.in. ze stożkowatych tarczek i kolców. Zwierzę to miało również małą głowę, pysk zakończony kostnym dziobem, niewielkie zęby policzkowe i poruszało się na czterech silnych nogach. Szczątki emauzaura, składające się głównie z czaszki, zostały odnalezione na terenie Niemiec.

Haltikozaur

Ten prymitywny dwunożny mięsożerca występował na terenie dzisiejszej Europy w okresie górnego triasu, ok. 210 milionów lat temu. Osiągał długość ok. 6 m, wysokość ok. 2 m i cechował się dużą lekką czaszką, ostrymi zębami oraz nogami pozwalającymi na szybki bieg. Miał również krótkie ramiona z cztero- lub pię-

4 WRZEŚNIA

ciopalczastymi dłońmi. Haltikozaur atakował prawdopodobnie większe od siebie dinozaury, takie jak np. plateozaur. Jego skamieliny znaleziono w 1908 roku na terenie Niemiec.

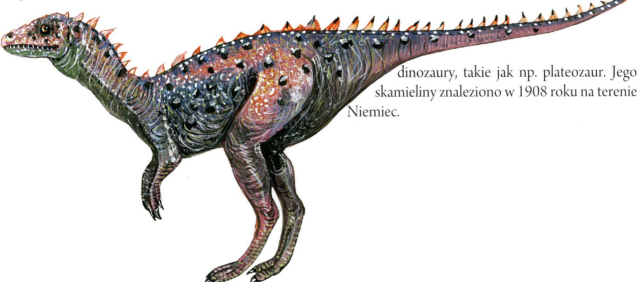

365 dinozaurów

147

5 WRZEŚNIA

Laparentozaur

Laparentozaur był prymitywnym zauropodem z rodziny brachiozaurów. Zamieszkiwał dzisiejszy Madagaskar w okresie środkowej jury, ok. 170 milionów lat temu. Ten ogromny roślinożerca posiadał niewielką głowę oraz długą szyję, która pozwalała mu żywić się zarówno niskimi roślinami, np. paprociami, jak również sięgać po liście rosnące na wysokich drzewach. Kręgosłup laparentozaura zbudowany był z prymitywnych płaskich kości, podczas gdy kręgi późniejszych zauropodów były dużo lżejsze, aby zmniejszyć ciężar ich ciała. Klasyfikacji zwierzęcia dokonał Jose Bonaparte w 1986 roku.

Leptoceratops

Ten mały przedstawiciel rodziny ceratopsów mierzył ok. 2 m i ważył ok. 55 kg. Charakteryzował się niewielką kostną kryzą, ale w odróżnieniu od spokrewnionych ze sobą dinozaur ów nie posiadał rogów. Zwierzę to miało również chwytne dłonie, silne szczęki, ostry papuzi dziób oraz zęby policzkowe przystosowane do rozdrabniania roślinnego pokarmu. Leptoceratops żył w okresie późnej kredy na terenie dzisiejszej Ameryki Płn.

6 WRZEŚNIA

7 WRZEŚNIA

Segnozaur

Ten mięsożerny dinozaur żył w okresie późnej kredy, ok. 75 milionów lat temu. Jego nazwa oznacza „powolny jaszczur". Segnozaur był dwunożnym zwierzęciem ze stosunkowo niewielką głową zaopatrzoną w dziób oraz zęby policzkowe. Posiadał również kończyny przednie z trzema palcami zakończonymi ostrymi pazurami oraz masywne nogi. Niektórzy badacze sądzą, że w odróżnieniu od typowych drapieżnych dinozaurów, palce jego stóp mogły być spięte błoną pławną. Analiza fragmentarycznych skamieniałości odnalezionych w Mongolii w 1979 roku doprowadziła do przypuszczenia, że segnozaur mógł brodzić, a nawet pływać w płytkiej wodzie, łapiąc ryby przy użyciu pazurów lub dzioba. Zęby tego zwierzęcia nie wykluczają natomiast obecności w jego diecie pokarmu pochodzenia roślinnego.

Leksowizaur

Leksowizaur był roślinożernym dinozaurem z rodziny stegozaurów. Jego masywna sylwetka wsparta była na czterech silnych kończynach, a grzbiet zdobiły dwa rzędy ostro zakończonych płyt, które zmniejszały się bliżej ogona i szyi. Sądzi się, że służyły one nie tylko do obrony

8 WRZEŚNIA

przed drapieżnikami, ale także do termoregulacji ciała. Leksowizaur miał również dwa długie kolce w okolicach ramion. Zwierzę to żyło w okresie jury na terenie dzisiejszej Europy.

9 WRZEŚNIA

Lufengozaur

Ten wczesnojurajski zauropod był blisko spokrewniony z plateozaurem. Osiągał długość ok. 6 m i był roślinożercą z dużymi przerwami międzyzębowymi. Szczegóły jego diety nie zostały jednak ustalone. Zwierzę to poruszało się na czterech nogach, stając na dwóch prawdopodobnie tylko po to, aby dosięgnąć wyższych roślin. Kciuki jego przednich kończyn zaopatrzone były w pazury, których używał do zdobywania pożywienia, a być może również do obrony. Szczątki lufengozaura odnaleziono na terenie Chin w połowie lat 30. XX wieku.

Likorin

Likorin był roślinożernym dinozaurem, który żył w okresie wczesnej jury, ok. 200 milionów lat temu na terenie Republiki Południowej Afryki. Po odkryciu skamieniałości początkowo uznano go za innego gada. Dopiero ok. 40 lat później został opisany jako dinozaur z rodziny heterodontozaurów. Likorin mierzył ok. 1,2 m i cechował się dziobem, zębami policzkowymi oraz dwoma długimi ostrymi kłami, skąd prawdopodobnie jego nazwa znacząca „wilczy pysk". Dinozaur ten posiadał zdolność poruszania się zarówno na czterech, jak i na dwóch kończynach, przy czym drugi sposób wykorzystywał zawsze w obliczu niebezpieczeństwa, kiedy ratował się ucieczką.

10 WRZEŚNIA

11 WRZEŚNIA

Madziarozaur

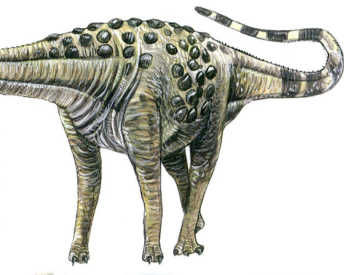

Madziarozaur był rodzajem niewielkiego zauropoda, który występował na wschodzie dzisiejszej Europy pod koniec kredy, ok. 70 milionów lat temu. Osiągał długość dochodzącą do 8 m i wyglądał jak diplodok w miniaturze. Podobnie jak inne żyjące dużo wcześniej, w okresie jury, zauropody, madziarozaur wyróżniał się długim ogonem, długą szyją oraz niewielką głową. Prawdopodobnie miał także nieprzystosowane do przeżuwania roślin uzębienie, więc rozdrabnianie pokarmu odbywało się dopiero w żołądku, gdzie był on miażdżony przez połknięte wcześniej kamienie, tzw. gastrolity.

Mamenchizaur

Ten olbrzymi roślinożerny dinozaur osiągał wysokość ok. 10 m i długość ok. 22 m. Połowę długości jego ciała stanowiła szyja, składająca się z 19 sztywno połączonych kręgów. Posiadał również długi ogon oraz bardzo silne mięśnie nóg, które musiały utrzymać całą konstrukcję. Kręgosłup tego czworonożnego zwierzęcia był miejscami pusty w środku i w związku z tym stosunkowo lekki. Mamenchizaur żył na terenie obecnych Chin w późnej jurze, ok. 145 milionów lat temu.

12 WRZEŚNIA

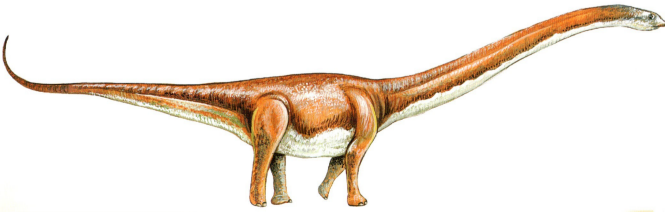

365 dinozaurów

13 WRZEŚNIA

Mandżurozaur

Mandżurozaur należał do hadrozaurów, czyli dinozaurów kaczodziobych. Zamieszkiwał dzisiejszą Azję (Chiny, Laos, Mongolia) pod koniec kredy, ok. 75 milionów lat temu. Jego nazwa znaczy „jaszczur z Mandżurii" i jest związana z miejscem odnalezienia pierwszych skamieniałości tego ogromnego roślinożercy. Mandżurozaur ważył ok. 2 t i charakteryzował się spłaszczoną głową, dziobem oraz setkami zębów tworzących baterie zębowe. Jego szkielet można podziwiać w Sankt Petersburgu.

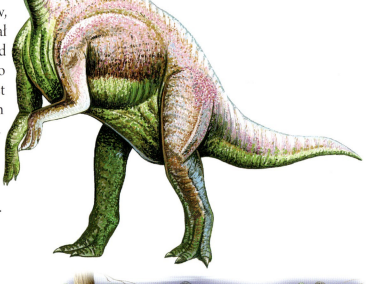

Metriakantozaur

Ten teropod z grupy karnozaurów żył w okresie późnej jury na terenie dzisiejszej Europy. Osiągał długość ok. 8 m i ciężar ok. 1 t. Polował na współczesne mu roślinożerne dinozaury, takie jak kallowozaury. Jego nazwa znaczy „jaszczur o kolcach średniej długości" i odnosi się do kolców na kręgosłupie, które były dwa razy dłuższe niż kręgi. Przypuszcza się, że metriakantozaur mógł być przodkiem żyjących w kredzie spinozaurów.

14 WRZEŚNIA

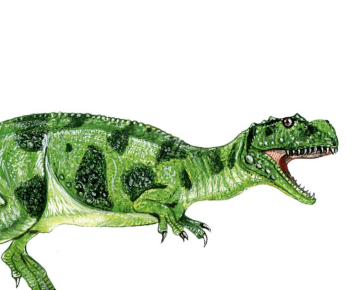

15 WRZEŚNIA

Mikropachycefalozaur

Mikropachycefalozaur żył 75 milionów lat temu, w późnej kredzie i pomimo długiej nazwy był jednym

z najmniejszych dinozaurów. Mierzył zaledwie 35 cm i rozmiarem przypominał królika. Jako członek rodziny pachycefalozaurów wyróżniał się grubym sklepieniem czaszki, które mogło służyć zarówno do odstraszania niewielkich drapieżników, jak również stanowić broń w czasie rywalizacji z innymi samcami o przywództwo w stadzie lub samicę. Ten dwunożny roślinożerca żywił się liśćmi oraz niewielkimi roślinami, np. paprociami.

Montanoceratops

Montanoceratops podobnie jak inne ceratopsy występował w późnej kredzie. Ten niewielki czworonożny roślinożerca osiągał długość ok. 3 m i cechował się kostną kryzą z niewielkimi oknami, krótkim rogiem na nosie oraz dziobem. Posiadał również niezwykle silne szczęki, które pozwalały mu gryźć z dużą siłą nawet twarde części roślin. Szczątki montanoceratopsa zostały odnalezione w stanie Montana w Stanach Zjednoczonych.

16 WRZEŚNIA

365 dinozaurów

17 WRZEŚNIA

Nemegtozaur

Nazwa tego zwierzęcia oznacza „jaszczur z Nemegt" i odnosi się do miejsca odkrycia jego skamielin, a mianowicie formacji Nemegt na pustyni Gobi w Mongolii. Ten zauropod żył w okresie późnej kredy ok. 75-70 milionów lat temu. Poruszał się na czterech kończynach, które wyglądem przypominały te należące do współcześnie żyjących słoni. Miał również pięciopalczaste płaskie stopy z pazurami, niewielką w stosunku do reszty ciała głowę oraz długą szyję, która pozwalała mu zrywać pożywienie nawet z wysokich drzew.

Nekenzaur

Nekenzaur był zauropodem występującym w Ameryce Płd. na terenie dzisiejszej Argentyny i Urugwaju w późnej kredzie, ok. 75 milionów lat temu. Należał do rodziny tytanozaurów. Osiągał długość 10-15 m, miał delikatny garb na grzbiecie i prawdopodobnie posiadał osteodermy, które chroniły ciało. Zwierzę to było ciężkie ze względu na brak pustych kości,

18 WRZEŚNIA

występujących u późniejszych zauropodów. Nekenzaur zawdzięcza swoją nazwę, oznaczającą „jaszczur z Neuquen", miejscu, w którym odnaleziono jego szczątki – formacji Neuquen w Argentynie.

19 WRZEŚNIA

Teratozaur

Teratozaur żył w okresie późnego triasu. Był dużym drapieżnym zwierzęciem, które charakteryzowało się ciężką sylwetką, stosunkowo długim, ostro zakończonym ogonem oraz krótką szyją. Posiadał również zakrzywione pazury i liczne ostre zęby. Był doskonale przystosowany do polowania na żyjące wówczas roślinożerne dinozaury.

Orodrom

Orodrom należał do rodziny hipsylofodontów i mierzył ok. 2 m. Jego nazwa oznacza „górski biegacz". Budowa nóg tego roślinożercy wskazuje bowiem na umiejętność szybkiego poruszania się. Orodrom wyposażony był również w ogon, który podczas ruchu spełniał przeciwwagę dla reszty ciała. Zwierzę to było prawdopodobnie jajorodne. Samica składała ok. 12 jaj. Młode, które się z nich wykluwały,

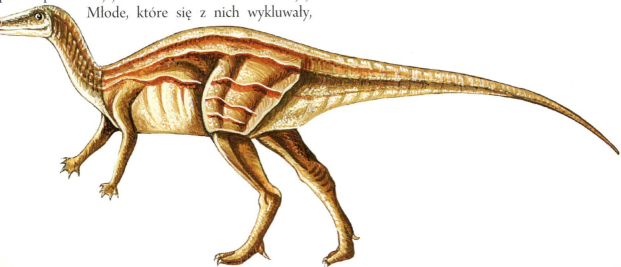

20 WRZEŚNIA

pozostawały w gnieździe dopóki nie osiągnęły zdolności samodzielnego zdobywania pożywienia.

365 dinozaurów

21 WRZEŚNIA

Awiatyran

Awiatyran był małym drapieżnym dinozaurem należącym do tyranozaurów. Żył w okresie późnej jury na terenie Europy. Na jego pysku wyrastał grzebień, natomiast szczęki zaopatrzone były w ostre zęby o piłkowanych krawędziach. Zwierzę to cechowało się również lekką budową ciała, co ułatwiało mu szybką pogoń za ofiarą. W diecie awiatyrana znajdowały się m.in. jaszczurki i niewielkie ssaki. Jego skamieliny zostały odnalezione w Portugalii. Gatunek typowy *Aviatyrannis jurassica* został opisany w 2003 roku.

Aragozaur

Ten duży, czworonożny i roślinożerny dinozaur należał do zauropodów i żył ok. 130-120 milionów lat temu. Był spokrewniony z kamarazaurem. Jego szczątki odkryto w Aragonii (Hiszpania), co było inspiracją do nadania nazwy *Aragosaurus* oznaczającej „jaszczur z Aragonii". Aragozaur osiągał długość ok. 18 m i wagę ok. 22 t. Podobnie jak inne zauropody charakteryzował się masywną sylwetką, długim muskularnym ogonem, długą szyją oraz osadzoną na niej niewielką głową. Miał również duże i szerokie zęby, przystosowane do roślinnego pożywienia.

22 WRZEŚNIA

23 WRZEŚNIA

Pelorozaur

Pelorozaur był czworonożnym przedstawicielem rodziny brachiozaurów. Żył w okresie wczesnej kredy, ok. 138-112 milionów lat temu. Jego skamieliny zostały znalezione w Anglii i Portugalii. Zwierzę to cechowało się długą i smukłą szyją oraz długim ogonem. Osiągało długość ok. 14 m i wysokość ok. 4 m, co pozwalało mu zrywać liście z czubków drzew.

Canis dirus

Canis dirus był gatunkiem z rodziny psowatych żyjącym na terenie dzisiejszej Ameryki Płn. Przez około 100 tysięcy lat koegzystował on z wilkiem szarym, chociaż nie stwierdzono bezpośredniego pokrewieństwa między tymi zwierzętami. Canis dirus zwany również wilkiem strasznym był większy niż wilk szary, ponieważ średnia długość jego ciała wynosiła ok. 1,5 m, a waga ok. 80 kg. Charakteryzował się również większą głową, ale miał znacznie mniejszy mózg. Zwierzę to posiadało też mocne zęby. Canis dirus wyginął ok. 10 tysięcy lat temu.

24 WRZEŚNIA

365 dinozaurów

25 WRZEŚNIA

Pinakozaur

Pinakozaur należał do rodziny ankylozaurów i żył ok. 75 milionów lat temu, w okresie górnej kredy. Zwierzę to mierzyło ok. 5 m i było doskonale przystosowane do obrony przed drapieżnikami. Jego ciało od szyi po ogon pokrywał złożony z kostnych płyt i kolców pancerz. Ogon dodatkowo wyposażony był w kostną maczugę. Pinakozaur zamieszkiwał tereny dzisiejszej Azji.

Syczuanozaur

Ten mięsożerny dinozaur żył na terenie dzisiejszych Chin pod koniec jury, ok. 145 milionów lat temu. Jego nazwa pochodzi od miejsca, gdzie odkryto szczątki, a mianowicie chińskiej prowincji Syczuan. Zwierzę to osiągało długość ok. 8 m. Wyróżniało się muskularnym ciałem, dużą głową oraz mocną szyją. Jego szczęki zaopatrzone były w ostre zęby, a trójpalczaste dłonie – w pazury. Syczuanozaur posiadał również długie nogi, ale nie był wytrawnym biegaczem. Na swoją ofiarę wolał się raczej zaczaić i zaatakować znienacka.

27 WRZEŚNIA

Prokompsognat

Prokompsognat był rodzajem niewielkiego teropoda, który występował w okresie późnego triasu, ok. 222-219 milionów lat temu. Zamieszkiwał suche tereny i w stadach polował na owady i małe kręgowce. Ten zwinny mięsożerca mierzył ok. 1 m i charakteryzował się długim sztywnym ogonem. Miał również dobrze rozwinięte zmysły i refleks. Opisu prokompsognata dokonał w 1913 roku Eberhard Fraas.

Protoawis

Protoawis był zwierzęciem żyjącym w późnym triasie. Jego szczątki zostały znalezione w stanie Teksas w Stanach Zjednoczonych. Klasyfikacja tego zwierzęcia wzbudziła wiele kontrowersji i do tej pory nie udało się jej sprecyzować. Początkowo odnalezione skamieliny uznano za należące do mięsożernego dinozaura, potem jednak pojawiła się teoria, że są to szczątki ptaka. Istnieje również hipoteza, że protoawis jest chimerą, czyli zwierzęciem omyłkowo stworzonym z kości różnych zwierząt.

28 WRZEŚNIA

365 dinozaurów

29 WRZEŚNIA

Psitakozaur

Psitakozaur był niewielkim dinozaurem z rodziny psitakozaurów żyjącym w okresie wczesnej kredy na terenie dzisiejszej Azji. Ten rodzaj prymitywnego ceratopsa posiadał wiele cech fizycznych i anatomicznych występujących u późniejszych przedstawicieli tej grupy, takich jak protoceratopsy i triceratopsy. Charakteryzował się m.in. ostrym, zakrzywionym dziobem, który służył do cięcia roślinnego pokarmu.

Rabdodon

Rabdodon zamieszkiwał tereny dzisiejszej Europy w późnej kredzie. Był spokrewniony z hipsylofodonem, ale osiągał większe od niego rozmiary i wagę. Mierzył ok. 4,5 m. W sytuacji zagrożenia ratował się ucieczką. Uważa się, że był dobrym biegaczem, wyprzedzającym większość ówczesnych

30 WRZEŚNIA

drapieżników. Podstawę diety tego zwierzęcia stanowiły rośliny i pędy, które rwał swoim ostrym dziobem. Do rozdrabniania i miażdżenia pokarmu służyły mu natomiast szczęki zaopatrzone w baterie zębowe.

Październik

1 PAŹDZIERNIKA

Dysalotosaurus

Ten roślinożerny dinozaur występował ok. 140 milionów lat temu, na przełomie jury i kredy. Odnalezione skamieliny dowodzą, że jego populacja była obecna na Ziemi przez kilkaset milionów lat i rozprzestrzeniła się po całym globie. Dysalotosaurus charakteryzował się silnymi nogami i sztywnym ogonem, który podczas ruchu pomagał utrzymać równowagę ciała. Dzięki temu zwierzę to było dobrym biegaczem, co wykorzystywało w przypadku ataku drapieżnika.

Zauroposejdon

Zauroposejdon był jednym z największych i najcięższych dinozaurów. Szacuje się, że osiągał długość 30 m i wagę 40 t. Jego głowa, kiedy zwierzę miało wyprostowaną swoją niebywale długą szyję, mogła się znajdować na wysokości 17 m. Zauroposejdon był blisko spokrewniony z brachiozaurem. Żył na terenie dzisiejszej Ameryki

2 PAŹDZIERNIKA

Płn. w okresie wczesnej kredy. Jego szczątki składające się z kręgów szyjnych odnaleziono w 1994 roku.

3 PAŹDZIERNIKA

Zaurornitoid

Ten średniej wielkości drapieżny dinozaur żył ok. 80 milionów lat temu, w późnej kredzie. Jego nazwa oznacza „jaszczur przypominający ptaka". Zwierzę to było dobrym myśliwym dzięki połączeniu inteligencji, dobrego wzroku i szybkości, które dawały mu ogromną przewagę nad ofiarami. Zaurornitoid mógł bowiem koordynować postrzeganie zmysłowe z ruchami ciała dużo szybciej niż inne dinozaury. Jego szczątki zostały znalezione na pustyni Gobi w Mongolii oraz w kanadyjskiej prowincji Alberta.

Zaurornitolest

Zaurornitolest był teropodem z rodziny dromeozaurów. Jego nazwa oznacza „złodziej jaszczurek i ptaków". Zwierzę to charakteryzowało się chwytnymi dłońmi, długimi pazurami oraz niewielkimi ostrymi zębami o piłkowanych krawędziach. Kształt czaszki sugeruje, że zaurornitolest

4 PAŹDZIERNIKA

miał mózg większy niż dromeozaur, ale cechował go słabszy zmysł powonienia. Dinozaur ten żywił się prawdopodobnie niewielkimi kręgowcami. Jego skamieliny odnaleziono w 1978 roku w prowincji Alberta w Kanadzie.

5 PAŹDZIERNIKA

Scelidozaur

Scelidozaur, którego nazwa oznacza „nożny jaszczur", był raczej niewielkim dinozaurem, mierzącym ok. 4 m. Żył w okresie wczesnej jury, ok. 208-194 milionów lat temu. Jego szczątki odkryto, m.in. w Anglii oraz w stanie Arizona w Stanach Zjednoczonych. Zwierzę to było blisko spokrewnione z ankylozaurami i stegozaurami, których iloraz inteligencji uważany jest za niski wśród dinozaurów. Scelidozaur wyróżniał się pancerzem z ułożonych równolegle rzędów kostnych płytek osadzonych w skórze, a materiał kopalny ujawnił, że pomiędzy osteodermami występowały okrągłe łuski podobne do tych, należących do helodermy arizońskiej. Kolejną jego cechą były nieduże zęby oraz proste szczęki przystosowane jedynie do wykonywania ruchów góra-dół. W tym względzie przypominał stegozaury z ich prymitywnym uzębieniem. Podobnie jak te zwierzęta lub współczesne ptaki i krokodyle, mógł również, ze względu na brak umiejętności przeżuwania pokarmu, połykać gastrolity i w ten sposób wspomagać proces trawienia. Dieta tego roślinożercy składała się z roślin liściastych i owoców, ponieważ trawy pojawiły się dopiero po jego wyginięciu. Scelidozaur poruszał się na czterech nogach, ale mógł również wspinać się na dwie, aby dosięgnąć liści drzew. Jego tylne kończyny był znacznie dłuższe niż przednie. W odróżnieniu od późniejszych ankylozaurów czaszka scelidozaura była płaska i trójkątna, a jego szyja dłuższa niż ta u większości pancernych dinozaurów.

6 PAŹDZIERNIKA

Skutellozaur

Ten niewielki roślinożerny dinozaur żył w okresie wczesnej jury na terenie dzisiejszej Ameryki Płn. Był jednym z pierwszych przedstawicieli pancernych dinozaurów. Jego grzbiet i bardzo długi ogon pokrywały osadzone w skórze rzędy kostnych płytek: niektóre były płaskie, inne – delikatnie wystające. Stanowiły one ochronę przed atakami żyjących w tej samej czasoprzestrzeni drapieżców, takich jak dilofozaur. Skutellozaur posiadał także umiejętność szybkiego poruszania się. Był spokrewniony z zamieszkującym tereny dawnej Ameryki Płd. lesotozaurem.

Secernozaur

Secernozaur był niewielkim kaczodziobym dinozaurem, który żył w okresie późnej kredy, ok. 73- -65 milionów lat temu. Jego szczątki zostały odnalezione w Ameryce Płd., a dokładniej w Patagonii na terenie Argentyny. Zwierzę to zostało opisane 1979 roku przez amerykańskiego paleontologa Michaela Brett-Surmana.

7 PAŹDZIERNIKA

8 PAŹDZIERNIKA

Odkryty materiał kopalny tego zwierzęcia składał się: z kręgów, żeber, miednicy oraz kości krzyżowej.

Sejsmozaur

Sejsmozaur był jednym z największych dinozaurów wszech czasów. Ten ogromny zauropod mógł osiągać długość dochodzącą do ok. 43 m. Charakteryzował się zaokrągloną sylwetką, długą szyją, małą głową i słabym uzębieniem. Prawdopodobnie mógł żywić się roślinnością rosnącą na wysokości aż 16 m nad ziemią. Dziennie pochłaniał ok. 1 t pokarmu.

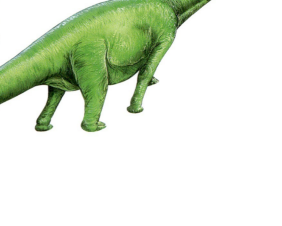

Szamozaur

Ten roślinożerca należał do rodziny ankylozaurów. Żył w okresie wczesnej kredy. Jego opis, sporządzony w oparciu o szczątki odnalezione na terenie Mongolii, został przedstawiony w 1983 roku. Zwierzę to miało trójkątną czaszkę, wąski dziób oraz prawdopodobnie niewielkie zęby przystosowane do spożywania miękkich części roślin. Jego ciało osłonięte było pancerzem złożonym z kostnych płyt i kolców.

9 PAŹDZIERNIKA

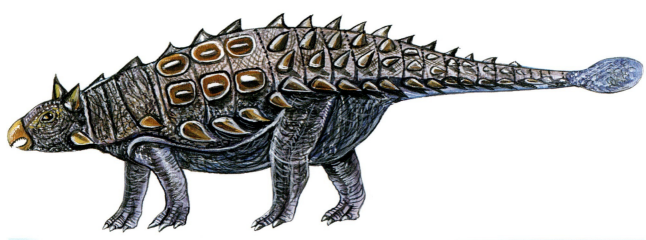

10 PAŹDZIERNIKA

Szantungozaur

Szantungozaur był dużym dinozaurem z rodziny hadrozaurów, który żył pod koniec kredy, ok. 75 milionów lat temu. Jego skamieliny zostały odkryte w latach 70. XX wieku w chińskiej prowincji Szantung. Zwierzę to było jednym z największych kaczodziobych dinozaurów, mogło bowiem osiągać długość dochodzącą do 15 m i wagę ok. 11 t. Szantungozaur wyglądem przypominał edmontozaura. Charakteryzował się brakiem grzebienia na głowie, długą niską czaszką, szerokim bezzębnym dziobem oraz licznymi zębami tworzącymi baterie zębowe. Miał ponadto masywną sylwetkę i długi, szeroki, wzmocniony skostniałymi ścięgnami ogon, który stanowił przeciwwagę dla reszty ciała. W sytuacji zagrożenia uciekał na dwóch nogach, ale mógł również poruszać się na czterech kończynach. Pomimo swojego rozmiaru był szybkim zwierzęciem.

11 PAŹDZIERNIKA

Syjamotyran

Syjamotyran był rodzajem drapieżnego dinozaura z okresu wczesnej kredy. Jego szczątki obejmujące miednicę oraz kręgi odnaleziono w Tajlandii. Na ich podstawie oszacowano długość zwierzęcia na ponad 6 m. Początkowo został on zaliczony do tyranozauroidów, ale istnieje teza, że mógł być przedstawicielem allozauroidów.

Sylwizaur

Sylwizaur był prymitywnym przedstawicielem rodziny nodozaurów. Żył w okresie kredy na terenach dzisiejszej Ameryki Płn. Jego ciało pokrywał ciężki pancerz zbudowany z kostnych tarczek, a boki i ogon chronione były przez potężne kolce. Cechę charakterystyczną tego zwierzęcia stanowiła również lekka czaszka zaopatrzona w system powietrznych korytarzy, wykorzystywanych do wydawania głośnych, służących prawdopodobnie do komunikacji, dźwięków. Sylwizaur został opisany w 1960 roku.

12 PAŹDZIERNIKA

13 PAŹDZIERNIKA

Sinornitozaur

Ten drapieżny dinozaur należał do rodziny dromeozaurów. Niektórymi cechami przypominał archeopteryksa, co potwierdza teorię o bliskim pokrewieństwie z ptakami. Sinornitozaur charakteryzował się wydłużoną czaszką, dużymi oczami oraz ostrymi zębami. Miał również trójpalczaste dłonie i czteropalczaste stopy zaopatrzone w długie zakrzywione pazury, z których największy znajdował się na drugim palcu każdej ze stóp. Ogon tego zwierzęcia był wzmocniony kostnymi pręcikami. Sinornitozaur żywił się m.in. dużymi owadami, jaszczurkami, ptakami oraz niewielkimi ssakami. Został sklasyfikowany w 1999 roku.

Sinozauropteryks

14 PAŹDZIERNIKA

Sinozauropteryks był niewielkim drapieżnym dinozaurem, który osiągał długość ok. 1,2 m i wysokość ok. 70 cm. Zwierzę to żyło w okresie wczesnej kredy na terenie dzisiejszej Azji. Jego szczątki odnaleziono w chińskiej prowincji Liaoning. Zgromadzony materiał kopalny pokazuje, że ciało sinozauropteryksa pokryte było cieniutkimi piórami, z których najdłuższe mogły mieć ok. 4 cm.

15 PAŹDZIERNIKA

Spinozaur

Spinozaur był ogromnym mięsożernym dinozaurem, który osiągał długość ok. 12-15 m. Jedną z jego charakterystycznych cech był zbudowany z wydłużonych wyrostków kolczastych, pokryty skórą "żagiel" na grzbiecie, drugą – wydłużona czaszka. Odnalezione szczątki spinozaura pozwoliły ustalić, że miał on jedną z najdłuższych czaszek spośród dinozaurów należących do drapieżników. Jej długość bowiem wynosiła prawdopodobnie ok. 1,75 m. Spinozaur cechował się również długim ogonem, krótkimi kończynami przednimi oraz prostymi stożkowatymi zębami.

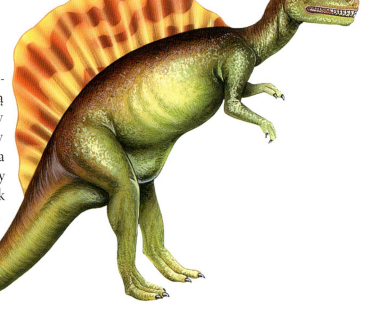

Staurikozaur

16 PAŹDZIERNIKA

Staurikozaur był jednym z najwcześniejszych dinozaurów żyjących na Ziemi. Występował pod koniec triasu na terenach, które obecnie tworzą Amerykę Płd. Był dwunożnym, niewielkim, ważącym ok. 30 kg drapieżcą z dużą głową, bardzo silnymi szczękami i ostrymi zębami. Miał również długie nogi, które pozwalały mu na szybkie poruszanie się. To zwinne zwierzę było świetnym myśliwym, będącym w stanie zaatakować i zabić nawet większe od siebie osobniki.

17 PAŹDZIERNIKA

Stegoceras

Ten dwunożny przedstawiciel rodziny pachycefalozaurów żył w okresie późnej kredy na terenach dzisiejszej Ameryki Płn. Wyróżniał się stosunkowo dużym mózgiem, dużymi oczami oraz grubym sklepieniem głowy, z tyłu półkoliście otoczonym kostnymi guz-kami. Kopuła rosła wraz z wiekiem i mogła osiągać grubość 7-10 cm. Służyła prawdopodobnie do obrony przed drapieżnikami, jak również do walki z innymi samcami o dominację w stadzie lub w czasie godów – o samicę. Funkcję obronną mógł również spełniać duży i sztywny ogon.

Stegozaur

Stegozaur był późnojurajskim roślinożercą osiągającym długość ok. 7 m i wagę ok. 2 t. Jego nazwa oznacza „zadaszony jaszczur" i odnosi się do kostnych, trójkątnych, osadzonych w skórze płyt, które biegły od szyi po ogon i chroniły grzbiet zwierzęcia. Największe z nich mogły osiągać wysokość ok. 75 cm. Na końcu ogona stegozaura znajdowały się dodatkowo długie, mierzące nawet ponad metr kolce. Dinozaur ten żył w stadach i opiekował się potomstwem.

18 PAŹDZIERNIKA

365 dinozaurów

171

19 PAŹDZIERNIKA

Stenonychozaur

Stenonychozaur występował pod koniec kredy i należał do rodziny troodonów. W jego diecie najprawdopodobniej dominowało pożywienie pochodzenia zwierzęcego, ale uważa się, że był wszystkożerny. Osiągał ok. 2 m długości i wyglądem przypominał dużego strusia. W odróżnieniu od niego jednak posiadał krótką szyję, nie miał również piór i skrzydeł. Przednie kończyny stenonychozaura zaopatrzone były w trójpalczaste dłonie z ostrymi pazurami. Uważa się, że zwierzę to było szybkim biegaczem osiągającym prędkość przekraczającą nawet 40 km/h, a dzięki dobrze rozwiniętym zmysłom, refleksowi i lekkiej budowie ciała – także zwinnym myśliwym.

Strutiomim

Strutiomim był teropodem z rodziny ornitomimów. Charakteryzował się krótkimi ramionami, długimi kończynami tylnymi oraz długim, cienkim i sztywnym ogonem, który pomagał mu utrzymać równowagę. Zwierzę to posiadało również trójpalczaste stopy zaopatrzone

20 PAŹDZIERNIKA

w długie zakrzywione pazury, które zapewniały mu doskonałą przyczepność do podłoża podczas biegu. Zaatakowany przez innego dinozaura, mógł rozwinąć prędkość do 45 km/h, a przy krótkich dystansach nawet większą. Strutiomim był wszystkożercą. Żywił się roślinami, owocami, nasionami, jak również jajami, owadami i niewielkimi zwierzętami.

21 PAŹDZIERNIKA

Strutiozaur

Ten roślinożerny dinozaur z rodziny nodozaurów żył w okresie późnej kredy na terenie dzisiejszej Europy. Jego szczątki odnaleziono m.in. w Rumunii. Zwierzę to mierzyło ok. 2 m i było jednym z najmniejszych przedstawicieli swojej rodziny. Pomimo niewielkich rozmiarów jego ciało było dobrze chronione przed wrogami. Strutiozaur posiadał bowiem pancerz złożony z ostrych tarczek oraz kolce chroniące ramiona i boki ciała. Wyodrębniono trzy gatunki tego rodzaju dinozaura.

Stygimoloch

22 PAŹDZIERNIKA

Stygimoloch zamieszkiwał dzisiejszą Amerykę Płn. w okresie górnej kredy. Długość jego ciała wynosiła ok. 3 m, a wysokość ok. 2 m. Wyróżniał się grubym sklepieniem czaszki, którym uderzał się z innymi samcami w czasie walki o samicę lub przywództwo w stadzie. Zwierzę to mogło być narażone na ataki dużych teropodów, takich jak: tyranozaury, albertozaury, aublysodony czy dromeozaury. Stygimoloch, którego nazwa znaczy „diabeł z rogami", posiadał wprawdzie dwa długie rogi na głowie, ale służyły one raczej do przestraszenia drapieżnika niż do walki z nim. Innym mechanizmem obronnym było grupowanie się w stada i żerowanie na terenach zalesionych.

365 dinozaurów

23 PAŹDZIERNIKA

Styrakozaur

Styrakozaur był jednym z najbardziej widowiskowych przedstawicieli rodziny ceratopsów. Charakteryzował się kostną kryzą przyozdobioną rogami, obecnością mniejszych rogów na policzkach oraz jednym ogromnym, ostrym rogiem na nosie. Osiągał długość ok. 6 m. i wysokość ok. 2 m. Ten roślinożerca żył w okresie późnej kredy, ok. 80 milionów lat temu. Jego szczątki zostały odnalezione w kanadyjskiej prowincji Alberta oraz w stanie Montana w Stanach Zjednoczonych. Opis przedstawił w 1913 roku Lawrence Lambe.

24 PAŹDZIERNIKA

Suchomim

Suchomim był rodzajem teropoda występującego w okresie kredy. Długość jego ciała wynosiła ok. 11 m. Cechą charakterystyczną tego zwierzęcia był wydłużony pysk z licznymi stożkowatymi zębami, który wyglądem przypominał pysk współcześnie żyjących krokodyli. Szczątki suchomima zostały odnalezione w 1998 roku na terytorium Nigru przez Paula Sereno.

25 PAŹDZIERNIKA

Superzaur

Superzaur był jednym z największych zauropodów. Należał do rodziny diplodoków i mógł osiągać długość ciała przekraczającą 40 m. Uważa się, że był zwierzęciem większym niż diplodok, ale mniejszym niż sejsmozaur. Ze względu na swój rozmiar raczej nie obawiał się ataku ze strony drapieżnych dinozaurów. Ten gigant żył w okresie późnej jury na terenie dzisiejszej Ameryki Płn. Jego klasyfikacji dokonał w 1985 roku paleontolog James Jensen.

Syntars

Ten niewielki mięsożerny dinozaur z rodziny celofyzów osiągał długość ok. 3 m. Charakteryzował się lekką budową ciała, krótkimi kończynami przednimi, z trójpalczastymi dłońmi uzbrojonymi w ostre zakrzywione pazury, oraz długimi silnymi nogami. Zwierzę to było dwunożne i mogło osiągać duże prędkości podczas ucieczki przed innymi drapieżnikami lub w pogoni za swoją ofiarą. Dieta syntarsa zawierała prawdopodobnie owady, jaszczurki i małe ssaki. Niekompletny szkielet tego dinozaura został znaleziony na terenie Zimbabwe.

26 PAŹDZIERNIKA

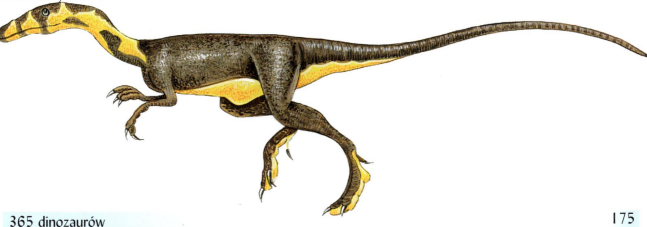

365 dinozaurów

175

27 PAŹDZIERNIKA

Talarur

Talarur był średniej wielkości roślinożernym dinozaurem z rodziny ankylozaurów. Jego szczątki odkryto na początku lat 50. w Mongolii. Zwierzę to było doskonale przystosowane do obrony przed drapieżnymi dinozaurami. Grzbiet i ogon opasywały kostne płyty, natomiast głowa, a nawet powieki chronione były tarczkami i kostnymi guzkami. Dodatkowo, na końcu krótkiego i mocnego ogona talarur posiadał kostną buławę. Dinozaur ten miał doskonały zmysł węchu.

Tekodontozaur

Tekodontozaur był prymitywnym dinozaurem, który żył na terenie dzisiejszej Europy w okresie późnego triasu, ok. 210 milionów lat temu. Zwierzę to osiągało długość ok. 2 m i wysokość ok. 50 cm. Zazwyczaj przyjmowało postawę dwunożną, ale mogło także poruszać się na czterech kończynach. Kciuki tego roślinożercy uzbrojone były w ostre pazury przydatne do zdobywania pożywienia, jak również do obrony przed drapieżnikami. Skamieliny tekodontozaura zostały odnalezione w Anglii.

28 PAŹDZIERNIKA

29 PAŹDZIERNIKA

Tarbozaur

Tarbozaur był rodzajem teropoda z grupy tyranozauroidów. Żył pod koniec kredy na terenie dzisiejszej Azji. Jego szczątki znaleziono na terenie Mongolii i Chin. Ten mięsożerca cechował się długimi zakrzywionymi zębami, krótkimi kończynami przednimi, zaopatrzonymi w ostre pazury, oraz dobrze umięśnionymi nogami. Jego stopy, z trzema palcami skierowanymi do przodu i jednym mniejszym z tyłu, były również zakończone pazurami. Budowa stawu skokowego tarbozaura sugeruje, że był szybkim biegaczem na krótkich dystansach.

Jawerlandia

30 PAŹDZIERNIKA

Jewerlandia to rodzaj dinozaura, który zamieszkiwał wyspę Wight w okresie wczesnej kredy, ok. 115 milionów lat temu. Jego nazwa pochodzi od miejsca, w którym w latach 30. XX wieku zostały odnalezione szczątki – Yaverland Point. Niestety cały materiał kopalny ograniczył się do niekompletnej czaszki. Opis zwierzęcia pod obecną nazwą przedstawiony został w 1971 roku. Jawerlandia uważana jest za przedstawiciela pachycefalozaurów ze względu na kopułę na głowie, która mogła być używana do walk o przywództwo w stadzie.

365 dinozaurów

31 PAŹDZIERNIKA
Tenontozaur

Ten średniej wielkości ornitopod żył we wczesnej kredzie na terenie dzisiejszej Ameryki Płn. Opisał go w 1970 roku John Ostrom. Tenontozaur był roślinożercą, który prawdopodobnie preferował postawę dwunożną, ale mógł również poruszać się na czterech nogach, przednie kończyny były bowiem dobrze umięśnione i zakończone szerokimi stopami. Zwierzę to większość czasu spędzało, poszukując pożywienia. Charakteryzowało się dość długą, giętką szyją, kostnym, bezzębnym dziobem oraz mocnymi zębami policzkowymi ułożonymi w rzędach i tworzącymi baterie zębowe. Tenontozaur posiadał również niezwykle długi usztywniony kostnymi ścięgnami ogon, który prawdopodobnie pomagał zrównoważyć sylwetkę, kiedy zwierzę poruszało się na tylnych kończynach. Obecność podobnych ścięgien stwierdzono także wzdłuż grzbietu oraz nad biodrami. Było to inspiracją do nadania zwierzęciu nazwy *Tenontosaurus*, ponieważ *tenon* z gr. znaczy „ścięgno".

Tenontozaur mógł być atakowany przez zwinnego niewielkiego teropoda – deinonycha, którego zęby znaleziono wraz z jego kośćmi. Inne zwierzęta, z którymi koegzystował tenontozaur to, m.in. zauropelta, mikrowenator i zefirozaur. Uważa się, że tenontozaur był najbliżej spokrewniony z iguanodonami, takimi jak: driozaur, iguanodon i kamptozaur. Wykazywał również dalsze pokrewieństwo z hipsylofodontami.

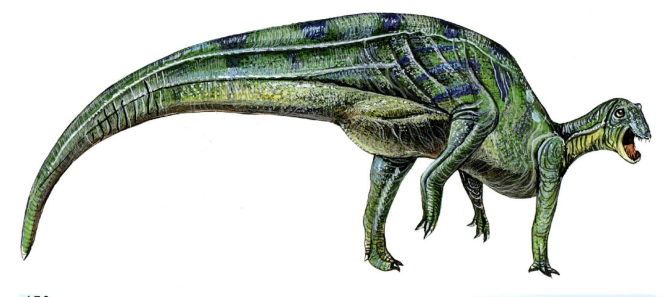

Listopad

1 LISTOPADA

Terizinozaur

Terizinozaur, którego nazwa oznacza „jaszczur z kosą" żył w okresie późnej kredy, ok. 80--70 milionów lat temu. Jego szczątki zostały odkryte na pustyni Gobi w Mongolii w 1948 roku. Na ich podstawie stwierdzono, że ten wielki dwunożny dinozaur charakteryzował się gigantycznymi pazurami w kształcie kosy, których długość mogła dochodzić do 70 cm. Najdłuższe z nich zdobiły drugi palec dłoni. Znalezione poza pazurami kości i zęby tego dinozaura wskazywały na jego mięsożerność.

Teskelozaur

Ten roślinożerca zamieszkiwał lasy w okresie późnej kredy, ok. 77-65 milionów lat temu. Był jednym z ostatnich przedstawicieli rodziny hipsylofodontów. Zwierzę to osiągało długość ok. 3--4 m, wysokość w biodrze ok. 1 m i wagę ok. 300 kg. Posiadało masywną sylwetkę, długi, ostro zakończony ogon, krótkie kończyny przednie i niewielką głowę.

2 LISTOPADA

Cechowało się również bezzębnym rogowym dziobem oraz zębami policzkowymi. Nazwa *Thescelosaurus* oznacza „piękny jaszczur".

180   365 dinozaurów

3 LISTOPADA

Tytanozaur

Tytanozaur był dużym roślinożernym zauropodem, który osiągał długość ok. 13 m. Jego pierwsze fragmentaryczne skamieliny zostały znalezione na terenie Indii. Po około 40 latach od ich odkrycia naukowcy zdali sobie sprawę, że pozostałości kostnego pancerza odnalezione w pobliżu również należały do tego dinozaura. Oznacza to, że podobnie do saltazaura grzbiet tytanozaura pokrywały nieregularnie rozmieszczone kostne tarcze. Obronę przed drapieżnikami mógł także stanowić długi ogon i pazury przednich kończyn.

Torozaur

Torozaur żył pod koniec kredy na terenie dzisiejszej Ameryki Płn. Był czworonożnym i roślinożernym dinozaurem, który osiągał długość ok. 7 m i wysokość ok. 2,5 m. Wyróżniał się niezwykle długą głową zakończoną kostną kryzą, dwoma dużymi ostrymi rogami na czole, które przypominały rogi byka, oraz jednym mniejszym wyrastającym na nosie.

4 LISTOPADA

Jego przysadzista sylwetka była wsparta na czterech stabilnych nogach.

365 dinozaurów

5 LISTOPADA

Triceratops

Triceratops należał do rodziny ceratopsów i zgodnie ze swoją nazwą oznaczającą "trójrogie oblicze" posiadał dwa rogi o długości 1 m nad oczodołami oraz jeden mniejszy, mierzący ok. 20 cm, na nosie. Zwierzę to charakteryzowało się także kostną kryzą wyrastającą u podstawy czaszki i stanowiącą osłonę szyi oraz ramion przed atakami drapieżników. Jego skóra była gruba i pokryta nieregularnie rozmieszczonymi guzami. Triceratops w celach obronnych poruszał się w stadach. Osiągał długość dochodzącą do 9 m, wysokość ok. 3 m i wagę ok. 10 t. Jego głowa stanowiła prawie $1/3$ całkowitej długości ciała. Zwierzę to żyło w okresie późnej kredy.

Troodon

6 LISTOPADA

Troodon żył w okresie późnej kredy na terenie dzisiejszej Ameryki Płn. Mierzył ok. 2 m i był wytrawnym myśliwym. Miał długie kończyny przednie, smukłe palce i ostre pazury, którymi z łatwością chwytał i przytrzymywał zwierzę. Mógł żerować w dzień i w nocy, przemykając wśród listowia i tropiąc z dużą łatwością swoje ofiary. Pomagały mu w tym bardzo dobrze rozwinięte zmysły. Uważany za jednego z najinteligentniejszych dinozaurów, troodon potrafił równie szybko reagować na zbliżające się niebezpieczeństwo, co dawało mu dużą przewagę nad drapieżnikami.

7 LISTOPADA

Tsintaozaur

Ten dinozaur z rodziny hadrozaurów zamieszkiwał tereny dzisiejszej Azji pod koniec kredy, ok. 70 milionów lat temu. Jego szczątki zostały odnalezione w latach 50. XX wieku w Tsingtao w chińskiej prowincji Szantung. Od nazwy tego miejsca pochodzi nazwa rodzaju, ustalona w 1958 roku przez chińskiego paleontologa C.C. Younga. Tsintaozaur osiągał długość ok. 10 m i wysokość ok. 3,5 m. Wyróżniał się pustym wyrostkiem kostnym na głowie, który był wyko-rzystywany do wydawania dźwięków ostrzega-jących stado o nadchodzącym niebezpieczeństwie.

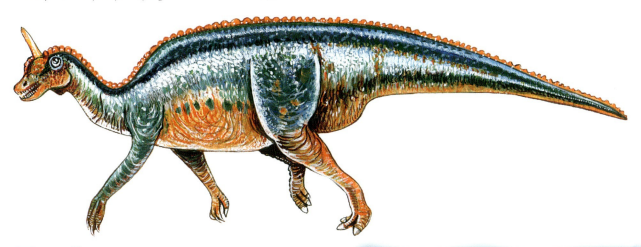

Tuodziengozaur

Tuodziengozaur był późnojurajskim przedstawicielem stegozaurów. Zamieszkiwał dzisiejszą Azję ok. 150 milionów lat temu. Jego skamieliny odkryto na terytorium Chin. Ten roślinożerca osiągał długość ok. 6,5 m i wysokość ok. 2 m. Wzdłuż jego grzbietu biegły spiczaste płyty, które prawdopodobnie były dobrze ukrwione i służyły do termoregulacji ciała. Na końcu długiego i masywnego ogona znajdowały się natomiast dwie pary długich ostrych kolców, którymi zwierzę mogło bronić się przed napastnikiem. Tuodziengozaur miał bardzo mały mózg i należał do najmniej inteligentnych dinozaurów.

8 LISTOPADA

9 LISTOPADA

Turiazaur

Turiazaur żył na terenie dzisiejszej Europy w okresie jury, ok. 145 milionów lat temu. Jego szczątki zostały odnalezione na terenie Hiszpanii. Był ogromnym czworonożnym zauropodem z długą szyją, długim ogonem oraz krępą sylwetką. Szacuje się, że długość jego ciała wynosiła 30-37 m, a waga nawet 40-48 t. Najlepszym mechanizmem obronnym tego zwierzęcia był jego rozmiar, który odstraszał dużo mniejsze od niego drapieżniki, jak np. żyjącego w tej samej czasoprzestrzeni awiatyrana.

Tylocefal

Tylocefal należał do pachycefalozaurów i zamieszkiwał tereny obecnej Mongolii w okresie późnej kredy, ok. 77 milionów lat temu. Osiągał długość ok. 1,4 m i wysokość ok. 60 cm. Ważył ok. 20 kg. Podobnie

10 LISTOPADA

jak inni przedstawiciele tej rodziny, wyróżniał się grubym sklepieniem czaszki, które w jego przypadku osiągało ponad 13 cm. Tylocefal został opisany przez T. Maryańską i H. Osmólską w 1974 roku.

11 LISTOPADA

Tyranozaur rex

Tyranozaur rex oznacza „jaszczur tyran". Nazwę zawdzięcza swojemu dużemu rozmiarowi oraz drapieżności. Zwierzę to było teropodem i należało do rodziny tyranozaurów. Żyło pod koniec kredy na terenie dzisiejszej Ameryki Płn. Na podstawie materiałów kopalnych (chociaż żaden z odnalezio-nych szkieletów nie jest w pełni kompletny) ustalono, że tyranozaur mógł osiągać długość ok. 13 m i wagę ok. 6 t. Ten dwunożny dinozaur uważany jest za jednego z największych lądowych mięsożerców, jakie kiedykolwiek żyły na świecie.

Tyranotytan

12 LISTOPADA

Ten przedstawiciel rodziny karcharodontozaurów żył w okresie kredy, ok. 100 milionów lat temu. Szacuje się, że długość jego ciała wynosiła ok. 15,5 m, a wysokość ok. 7,8 m, co czyniło go większym od tyranozaura rexa. Szczątki tego ogromnego mięsożercy znaleziono na terenie Argentyny. Opis w 2005 roku przedstawił Fernando Novas i jego współpracownicy.

365 dinozaurów

13 LISTOPADA

Ultrazaur

Ultrazaur był ogromnym późnojurajskim roślinożernym dinozaurem, który zamieszkiwał dzisiejszą Amerykę Płn. Osiągał ok. 30 m długości oraz 15 m wysokości. Jego waga przekraczała o ok. 25 razy wagę współcześnie żyjących żyraf. To silne zwierzę charakteryzowało się niezwykle długą szyją oraz budową ciała pozwalającą utrzymać całą konstrukcję. Jego tylne kończyny były nieco krótsze niż przednie. Ultrazaur żywił się liśćmi nawet z koron najwyższych drzew. Prawdopodobnie połykał niewielkie kamienie, aby usprawnić procesy trawienne. Obecnie istnienie tego dinozaura poddawane jest w wątpliwość. Uważa się, że mógł zostać omyłkowo opisany na podstawie kości dwóch innych rodzajów: superzaura i brachiozaura.

Unenlagia

Ten niewielki drapieżnik mierzył ok. 2 m i ważył 40-45 kg. Swoim wyglądem przypominał ptaka. Nie potrafił fruwać, ale był przystosowany do szybkiego biegu. Miał długie tylne kończyny oraz sztywny ogon, który

14 LISTOPADA

zapewniał równowagę ciała nawet podczas gwałtownych zmian kierunku. Zwierzę to w czasie biegu rozkładało również na boki swoje przednie kończyny, co mogło spełniać dodatkową funkcję stabilizującą. Skamieliny unenlagii odnaleźli w 1997 roku na terenie Patagonii w Argentynie Fernando Novas i Pablo Puerta.

15 LISTOPADA

Utahraptor

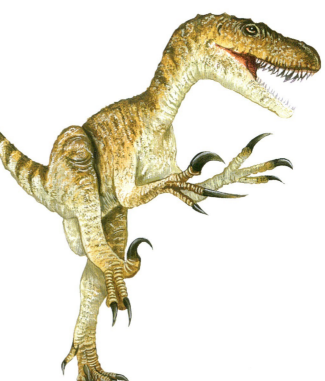

Utahraptor swoją nazwę zawdzięcza miejscu, w którym zostały znalezione jego szczątki, a mianowicie stanowi Utah w Stanach Zjednoczonych. Dinozaur ten był mięsożercą z rodziny dromeozaurów. Ważył ok. 1 t. Jego przystosowanie do drapieżnego stylu życia stanowiły m.in. ogromne chwytne dłonie oraz ostre pazury, z których najniebezpieczniejszym był sierpowaty pazur na drugim palcu każdej ze stóp. Zwierzę to potrafiło również bardzo szybko biegać. Osiągało prędkość porównywalną z prędkością współczesnego strusia.

Wariraptor

Wariraptor był rodzajem teropoda zamieszkującego tereny dzisiejszej Europy. Ten mięsożerny dinozaur osiągał długość ok. 2 m, a jego ciało prawdopodobnie pokrywały pióra. Zwierzę to poruszało się z dużą prędkością i w stadach polowało na swoje ofiary. Skamieniałości wariraptora odkryto na terenie Francji. Opis w 1998 roku przedstawili paleontolodzy Le Leouff i Buffetaut.

16 LISTOPADA

365 dinozaurów

17 LISTOPADA

Wektizaur

Ten roślinożerny dinozaur uważany jest za blisko spokrewnionego z iguanodonem. Niektórzy badacze twierdzą wręcz, że był on gatunkiem należącym do tego rodzaju. Wektizaur mierzył ok. 4 m i żył w okresie wczesnej kredy. Jego szczątki znaleziono na wyspie Wight, stąd też nazywany jest on „jaszczurem z wyspy Wight". Został opisany w 1879 roku przez paleontologa J.W. Hulke.

Welociraptor

Welociraptor był niewielkim teropodem z rodziny dromeozaurów. Zamieszkiwał tereny dzisiejszej Mongolii w okresie kredy, ok. 90 milionów lat temu.

18 LISTOPADA

Charakteryzował się małą głową, wydłużonym, płaskim pyskiem oraz rzędami ostrych zębów. Miał również długie pazury i sztywny ogon. Ten mięsożerca, biegnąc na swoich długich nogach, mógł osiągać duże prędkości. Polował na małe roślinożerne dinozaury oraz ssaki. Uważany jest za jednego z najinteligentniejszych dinozaurów.

19 LISTOPADA

Albertozaur

Albertozaur należał do rodziny tyranozaurów i żył w późnej kredzie, ok. 76-74 milionów lat temu. Długość jego ciała wynosiła ok. 9 m, a waga mogła dochodzić nawet do 3 t. Ten dwunożny drapieżnik cechował się masywnym tułowiem, silnymi kończynami tylnymi, krótkimi ramionami z dwupalczastymi dłońmi oraz długim ogonem, który równoważył ciężar ciała. Posiadał również dużą czaszkę, a jego szczęki zaopatrzone były w ostre zęby.

Wuerhozaur

Wuerhozaur był roślinożernym dinozaurem, jednym z ostatnich przedstawicieli rodziny stegozaurów. Zwierzę to żyło w okresie wczesnej kredy i podobnie jak jego kuzyni, charakteryzowało się obecnością kostnych, prawdopodobnie ułożonych parami, płyt biegnących wzdłuż grzbietu. Wielu badaczy uważa, że wuerhozaur posiadał również cztery kolce na ogonie, które stanowiły broń w walce z drapieżnikami. Ta teoria nie została jednak potwierdzona naukowo.

20 LISTOPADA

365 dinozaurów

21 LISTOPADA

Siaozaur

Ten roślinożerca zamieszkiwał tereny dzisiejszych Chin w okresie środkowej jury, ok. 165 milionów lat temu. Jego szczątki znaleziono w 1983 roku w prowincji Syczuan. Zwierzę to osiągało 1-1,5 m długości, potrafiło szybko biegać i właśnie ucieczka była jego formą obrony przed drapieżnikami. Siaozaur cechował się lekką muskularną sylwetką, długimi kończynami tylnymi oraz długim ogonem, który pomagał w utrzymaniu równowagi ciała. Miał również krótkie kończyny przednie z czteropalczastymi dłońmi, kostny dziób, którym zrywał pożywienie oraz zęby policzkowe służące do jego rozdrabniania.

Xinjiangovenator

Xinjiangovenator był średniej wielkości teropodem, którego dietę stanowiły prawdopodobnie jaszczurki i inne niewielkie zwierzęta. Żył w okresie dolnej kredy na terenach wschodniej Azji. Jego skamieliny, początkowo uznane za pozostałości fedrolozaura, zostały odnalezione w Chinach na terenie prowincji Xinjiang. Od nazwy tego miejsca pochodzi nazwa zwierzęcia. Xinjiangovenator został opisany na podstawie zaledwie jednej kończyny tylnej, dlatego też szczegóły dotyczące rozmiaru i zachowania oparto na informacjach zebranych na temat podobnych dinozaurów, np. ornitolesta.

22 LISTOPADA

23 LISTOPADA

Jangczuanozaur

Ten drapieżny dinozaur wyglądem przypominający allozaura był dłuższy od współczesnego słonia, a jego ciężar był zbliżony do wagi obecnie żyjących nosorożców. W 1978 roku udało się odnaleźć prawie kompletny szkielet tego zwierzęcia. Cechowało się ono muskularną sylwetką, silnymi nogami zaopatrzonymi w długie pazury oraz masywnym ogonem, stanowiącym przeciwwagę dla reszty ciała. Kończyny przednie jangczuanozaura były krótsze niż tylne, ale również zakończone pazurami. Jego ogromna lekka głowa, którą mógł poruszać we wszystkich kierunkach, kryła natomiast w sobie mocne szczęki pełne ostrych jak sztylet zębów.

24 LISTOPADA

Juanmouzaur

Juanmouzaur był zauropodem zamieszkującym teren dzisiejszych Chin w okresie środkowej jury i osiągającym długość ciała ok. 17 m. Charakteryzował się niewiarygodnie długą szyją. Zwierzę to samym swoim rozmiarem odstraszało potencjalnych wrogów. Dodatkowym mechanizmem obronnym było życie w stadach. Ze względu na duże ilości zjadanych roślin juanmouzaury zmuszone były często migrować w poszukiwaniu pożywienia. Drapieżnikiem, który mógł im zagrażać, był gazozaur.

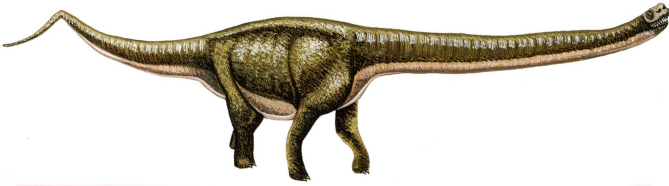

25 LISTOPADA

Zalmokses

Zalmokses był ornitopodem z rodziny rabdodonów, który żył w okresie górnej kredy. Ten dwunożny roślinożerny dinozaur był stosunkowo niewielkim zwierzęciem, ponieważ zamieszkiwał średniej wielkości wyspę (teren obecnej Europy składał się wówczas z wysp). Było to naturalne ewolucyjne przystosowanie się do otaczającego go środowiska. Szczątki zalmoksesa odnaleziono na terenie Rumunii. Na ich podstawie w obrębie tego rodzaju opisano dwa gatunki: *Zalmoxes robustus* i *Zalmoxes shqiperorum*.

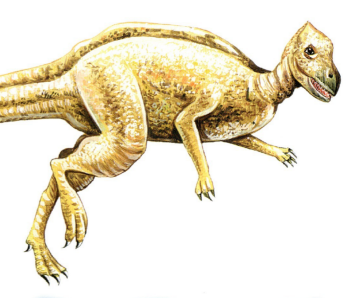

Zefirozaur

Zefirozaur należał do rodziny hipsylofodontów i występował na terenie dzisiejszej Ameryki Płn. ok. 120 milionów lat temu. Skamieliny tego mierzącego 1,8 m roślinożercy zostały odkryte w stanie Montana w Stanach Zjednoczonych. Obejmowały one fragment czaszki i kilka kręgów. Na ich podstawie ustalono, że zwierzę to, dzięki długim kończynom tylnym, było szybkim i zwinnym biegaczem. Posiadało również niewielką głowę oraz przystosowane do roślinnego pokarmu uzębienie. Zefirozaur żerował w stadach.

26 LISTOPADA

27 LISTOPADA

Zuniceratops

Zuniceratops był jednym z pierwszych rogatych dinozaurów. Osiągał długość 3-3,5 m, wysokość ok. 1,3 m i wagę ok. 200 kg. Zamieszkiwał tereny obecnej Ameryki Płn. Jego szczątki odnalazł w stanie Nowy Meksyk Christopher Wolfe – ośmioletni syna paleontologa Douglasa Wolfe'a. Odkrycie to było bardzo istotne, gdyż pozwoliło dokładniej odtworzyć ewolucję ceratopsów. Obecność dwóch rogów na czole zwierzęcia potwierdza, że był ogniwem pomiędzy protoceratopsem a późniejszymi bardziej rozwiniętymi ceratopsami.

Retozaur

Retozaur żył na terenie dzisiejszej Australii w okresie środkowej jury, ok. 170 milionów lat temu. Był jednym z pierwszych zauropodów. Długość jego ciała dochodziła do ok. 17 m. W 1924 roku w stanie Queensland odkryto szczątki kończyn oraz ogona. Dwa lata później w pobliżu tego miejsca udało się także odnaleźć mierzącą ponad 1 m kość udową tego olbrzyma. Retozaur posiadał masywny korpus wsparty na czterech stabilnych nogach, niewielką głowę oraz typowe dla roślinożercy uzębienie. Miał również długi ogon i stopy zakończone pazurami, które w przypadku ataku wroga mogły stanowić broń.

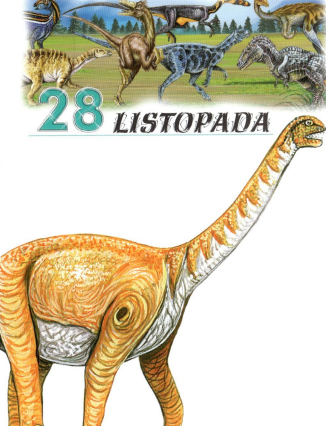

28 LISTOPADA

365 dinozaurów

29 LISTOPADA

Zauropelta

Ten roślinożerny dinozaur występował na terenie obecnych Stanów Zjednoczonych we wczesnej kredzie, ok. 110 milionów lat temu. Osiągał ok. 5 m długości i cechował się pancerzem, który chronił grzbiet i ogon. "Zbroja" złożona z kostnych płyt, tarczek i kolców stanowiła prawdziwą przeszkodę dla drapieżników. Jedyną nieosłoniętą częścią ciała zauropelty było podbrzusze, ale przypuszcza się, że utrudniała dostęp do niego, przywierając do podłoża.

Segizaur

Segizaur był niewielkim dinozaurem z rodziny celofyzów. Mierzył ok. 1 m i osiągał ciężar 4-7 kg. Żył w okresie jury, ok. 185 milionów lat temu na terenie dzisiejszej Ameryki Płn. Jego nazwa pochodzi od nazwy kanionu Segi w stanie Arizona w Stanach Zjednoczonych, gdzie w 1933 roku odnaleziono szczątki zwierzęcia. Segizaur po-

30 LISTOPADA

siadał przystosowane do biegu tylne kończyny, dłonie zaopatrzone w pazury i silne szczęki. Polował głównie na owady i małe ssaki. Niektóre cechy budowy anatomicznej, jak np. obecność obojczyka podobnego do ptasiego, mogą stanowić potwierdzenie tezy o pokrewieństwie ptaków z dinozaurami.

Grudzień

1 GRUDNIA

Entelodont

Entelodonty były prymitywnymi ssakami spokrewnionymi z dzisiejszymi świniowatymi i nieparzystokopytnymi. Zwierzęta te osiągały wysokość ok. 2 m i wagę dochodzącą do 350 kg. Charakteryzowały się długim pyskiem, krótkimi, ale smukłymi nogami oraz mogącą mierzyć ok. 1 m czaszką z kostnymi guzkami po bokach. Ich dieta zawierała przede wszystkim pokarm pochodzenia zwierzęcego, ale nie gardziły także roślinami. Szczątki entelodontów znaleziono na terenie Mongolii i Ameryki Płn.

Sellozaur

Sellozaur to jeden z lepiej poznanych prozauropodów. Żył na terenie dzisiejszej Europy w okresie późnego triasu, ok. 210 milionów lat temu. Był dużym zwierzęciem, mogącym mierzyć ok. 7 m. Przednia część jego ciała była cięższa niż tylna, dlatego wygodniej było mu poruszać się na czterech kończynach. Cechował się krępą sylwetką, długim,

2 GRUDNIA

ostro zakończonym ogonem oraz palcami zaopatrzonymi w pazury. Jego skamieliny zostały odkryte na terytorium Niemiec i opisane w 1907 roku przez Friedricha von Huene.

3 GRUDNIA

Mikroraptor

Mikroraptor był niewielkim przedstawicielem rodziny dromeozaurów. Występował w okresie wczesnej kredy, ok. 120-110 milionów lat temu, na terenie dzisiejszych Chin. Ten mięsożerca osiągał długość 50--80 cm, a jego ciało było w całości pokryte piórami. Ich analiza wykazała, że zwierzę to mogło być zdolne do aktywnego lotu. Mikroraptor wyróżniał się także wachlarzowym zakończeniem ogona oraz grzebieniem na głowie podobnym do tego posiadanego przez współczesne dzięcioły. Jego ostre zęby miały piłkowane krawędzie.

Wulkanodon

4 GRUDNIA

Wulkanodon był jednym z najbardziej prymitywnych zauropodów. Ten roślinożerca osiągał długość ok. 6 m i cechował się długim ogonem, długą szyją oraz niewielką głową. Jego potężne ciało było wsparte na grubych nogach, których palce zaopatrzone były w pazury. Nazwa *Vulcanodon* znaczy „wulkaniczny ząb" i odnosi się do miejsca odkrycia szczątków zwierzęcia wśród skał pochodzenia wulkanicznego na terenie Zimbabwe. Rodzaj ten został opisany w 1972 roku przez M. Raath.

365 dinozaurów

temu. Jego opis przedstawił chiński paleontolog Hou w 1977 roku.

5 GRUDNIA

Wannanozaur

Ten dwunożny przedstawiciel homalocefali charakteryzował się grubym sklepieniem czaszki, krępym tułowiem, silnymi nogami, krótkimi ramionami i sztywnym ogonem. Długość jego ciała wynosiła ok. 2 m. Wyglądem przypominał pachycefalozaura, ale był od niego mniejszy i miał dużo bardziej płaską głowę. Uważa się, że wannanozaur był roślinożerny, a w jego diecie dominowały rośliny, owoce i nasiona. Prawdopodobnie przemieszczał się w stadach i nie był zbyt szybkim zwierzęciem. Dinozaur ten żył w Chinach pod koniec kredy, ok. 70 milionów lat

Charonozaur

Charonozaur żył w okresie późnej kredy i należał do rodziny hadrozaurów. Był stosunkowo dużym dinozaurem osiągającym długość ok. 12 m. Odnaleziona niekompletna czaszka tego zwierzęcia przypomina czaszkę parazaurolofa, przyozdobioną charakterystycznym długim pustym wyrostkiem. Ze względu na fragmentaryczność zdobytego materiału nie udało się jednak określić jego dokładnej długości i grubości.

6 GRUDNIA

198

365 dinozaurów

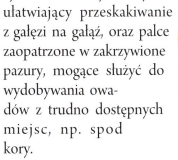

7 GRUDNIA

Junnanozaur

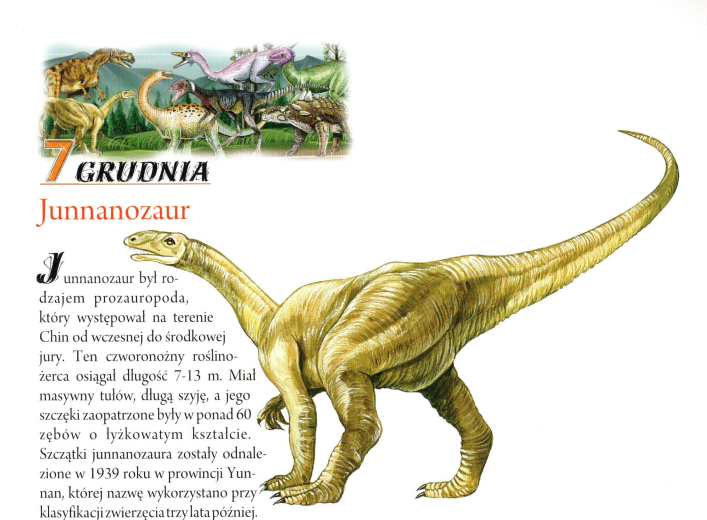

Junnanozaur był rodzajem prozauropoda, który występował na terenie Chin od wczesnej do środkowej jury. Ten czworonożny roślinożerca osiągał długość 7-13 m. Miał masywny tułów, długą szyję, a jego szczęki zaopatrzone były w ponad 60 zębów o łyżkowatym kształcie. Szczątki junnanozaura zostały odnalezione w 1939 roku w prowincji Yunnan, której nazwę wykorzystano przy klasyfikacji zwierzęcia trzy lata później.

Epidendrozaur

8 GRUDNIA

Ten wszystkożerny późnojurajski teropod mierzył ok. 15 cm, ważył ok. 450 g i wyglądem przypominał ptaka. Jego ciało pokrywały pióra i prawdopodobnie był on również przystosowany do nadrzewnego trybu życia. Świadczyć o tym ma niewielki rozmiar, ułatwiający przeskakiwanie z gałęzi na gałąź, oraz palce zaopatrzone w zakrzywione pazury, mogące służyć do wydobywania owadów z trudno dostępnych miejsc, np. spod kory.

365 dinozaurów

9 GRUDNIA

Niedźwiedź jaskiniowy

Niedźwiedź jaskiniowy, który wyginął ok. 20 tysięcy lat temu, występował na terenie Europy i był gatunkiem spokrewnionym ze współcześnie żyjącym niedźwiedziem brunatnym i niedźwiedziem grizzly. Ten wszystkożerny ssak w swojej diecie uwzględniał nieduże zwierzęta, padlinę, jak również trawy i jagody. Uważa się, że w odróżnieniu od niedźwiedzia brunatnego, który dzisiaj wykorzystuje je jedynie jako miejsce zimowego odpoczynku, niedźwiedź jaskiniowy większość czasu spędzał w jaskiniach, ponieważ właśnie tam odnaleziono większość jego szczątków.

Czialingozaur

Czialingozaur należał do rodziny stegozaurów. Żył ok. 170 milionów lat temu na terenie dzisiejszej wschodniej Azji. Jako roślinożerca żywił się prawdopodobnie występującymi tam w obfitości paprociami i sagowcami. Mierzył ok. 4 m i ważył ok. 150 kg. Jego nazwa pochodzi od nazwy rzeki Jialing na południu Chin. Odnalezione szczątki należą do młodych osobników.

10 GRUDNIA

11 GRUDNIA

Marazuch

Marazuch występował w środkowym triasie, ok. 230 milionów lat temu. Był lekkim długonogim zwierzęciem, które mierzyło ok. 40 cm. Jego skamieliny zostały odkryte na terenie Argentyny. Początkowo został on opisany jako drugi gatunek lagozucha o nazwie *Lagosuchus lilloensis*. Dopiero w 1994 roku Paul Sereno i Andrea Arcucci dokonali zmiany nazwy na *Marasuchus lilloensis*. Uznali materiał kopalny za zbyt słabo zachowany i zauważyli, że szkielet L. lilloensis ma inne proporcje kończyn niż gatunek typowy.

Elafrozaur

12 GRUDNIA

Elafrozaur był rodzajem teropoda, który żył w okresie późnej jury, ok. 150 milionów lat temu. Ten dwunożny mięsożerny dinozaur miał krótkie kończyny przednie, długie i silne kończyny tylne oraz sztywny ogon. Jego dłonie i stopy były trójpalczaste. Posiadał również długą szyję ułatwiającą mu prawdopodobnie jedzenie padliny. Zwierzę to osiągało długość ok. 6 m, wysokość ok. 2 m i ciężar ok. 200 kg. Jego kość piszczelowa była dłuższa od kości udowej, co wskazuje na umiejętność osiągania dużych prędkości. Szczątki elafrozaura znaleziono w Tanzanii.

13 GRUDNIA

Nkwebazaur

Ten mięsożerca z grupy celurozaurów żył w okresie wczesnej kredy. Jego skamieliny zostały odnalezione na terenie RPA. Nazwa tego zwierzęcia oznacza „jaszczur z Nkwebe" i pochodzi od nazwy regionu (w języku plemion Bantu), w którym odkryto jego szczątki. Opis nkwebazaura w 2000 roku przedstawili Billy J. de Clerk, Catherine A. Forster, S. Sampson, A. Chinsamy i Callum F. Ross. Gatunek typowy nosi nazwę *Nkwebasaurus thwazi*.

Mutaburazaur

Mutaburazaur był roślinożernym dinozaurem, który osiągał długość ok. 7 m. Charakteryzował się dużą kostną naroślą na pysku, która być może wpływała na jego zmysł węchu lub pomagała wydawać dźwięki. Zwierzę to miało również bezzębny dziób oraz liczne zęby

14 GRUDNIA

policzkowe przystosowane do rozdrabniania pokarmu. Jego nazwa oznacza „jaszczur z Muttaburra" i odnosi się do miejsca odnalezienia skamielin w australijskim stanie Queensland. Mutaburazaur został opisany przez Ralpha Molinara i Alana Bartholomai w 1981 roku.

15 GRUDNIA

Mantellizaur

Mantellizaur żył w okresie wczesnej kredy na terenach, które obecnie tworzą Anglię. Był roślinożercą i żywił się, m.in. sagowcami, paprociami oraz roślinami iglastymi. Początkowo został opisany jako *Iguanodon atherfieldensis*. Dopiero w 2007 roku Gregory Paul uznał go za odrębny rodzaj. Zauważył, że jest dużo lżej zbudowany od iguanodona i bliżej spokrewniony z uranozaurem. Nazwa zwierzęcia upamiętnia angielskiego paleontologa Gideona Mantella – odkrywcę iguanodona.

Glyptodon

Glyptodon był jednym z największych pancerników. Żył w epoce plejstocenu, ok. 2,5 miliona – 12 tysięcy lat temu, w Ameryce Płd. Jego szczątki odnaleziono w Argentynie. Zwierzę to osiągało długość 3 m i wysokość 1,5 m. Wyróżniało się ciężkim, kopulastym pancerzem złożonym z ponad 1000 kostnych płytek, kostną osłoną czaszki oraz pierścieniami płytek chroniącymi ogon. Jego ciało wsparte było na czterech krótkich, mocnych kończynach. Glyptodon posiadał również krótki pysk i silne, pozbawione przednich, ale zaopatrzone w zęby policzkowe szczęki.

16 GRUDNIA

365 dinozaurów

17 GRUDNIA

Protarcheopteryks

Protarcheopteryks był niewielkim (długość ciała ok. 90 cm), pokrytym piórami i przypominającym ptaka dinozaurem, który zamieszkiwał tereny dzisiejszych Chin. Żył we wczesnej kredzie, ok. 135- -121 milionów lat temu. Jego pióra, w odróżnieniu od ptasich, były symetryczne, co wskazuje na brak umiejętności latania. Zwierzę to poruszało się na dwóch długich nogach, a jego cechą charakterystyczną był krótki opierzony ogon, zamiast typowego długiego ogona teropodów.

Labokania

Labokania to rodzaj teropoda, który żył pod koniec kredy, ok. 80 milionów lat temu. Jego szczątki zostały znalezione na Półwyspie Kalifornijskim. Ten dwunożny mięsożerca charakteryzował się silnymi kończynami tylnymi, krótkimi ramionami z dwupalczastymi dłońmi, ostrymi zakrzywionymi do tyłu zębami oraz pazurami. Miał

18 GRUDNIA

również krótką, ale dobrze umięśnioną szyję, która pozwalała na bardzo szybkie ruchy głowy. Opis zwierzęcia przedstawił w 1974 roku Ralph Molnar.

19 GRUDNIA

Masjakazaur

Masjakazaur był mięsożernym dinozaurem zamieszkującym Madagaskar. Miał długą szyję i ogon, mierzył ok. 1,8 m, a jego najbardziej charakterystyczną cechą były przednie zęby wystające prawie poziomo z pyska. Taki układ uzębienia mógł oznaczać strategię żywieniową polegającą na chwytaniu ofiary przednimi zębami, a następnie rozszarpywaniu jej przy użyciu ostrych zębów policzkowych. Gatunek typowy, *M. Knopfleri*, został tak nazwany na cześć gitarzysty i wokalisty zespołu „Dire Straits" – Marka Knopflera. Paleontolodzy, którzy odkryli masjakazaura, podczas poszukiwania skamielin słuchali właśnie jego muzyki.

Neowenator

Neowenator należał do grupy allozauroidów. Zamieszkiwał tereny obecnej Europy w okresie wczesnej kredy. Był dużym – 7,5m długości – mięsożercą z zaokrąglonym pyskiem i bardzo ostrymi zębami. Polował na takie dinozaury, jak np. iguanodony. Prawie kompletny szkielet neowenatora został odnaleziony na terenie Wielkiej Brytanii. Początkowo uznano go za nowy gatunek megalozaura, ale dalsze badania pokazały, że ma więcej cech podobnych do allozaurów.

20 GRUDNIA

21 GRUDNIA

Lukuzaur

Lukuzaur był niewielkim teropodem, który przypominał innego małego i zwinnego dinozaura – kompsognata. Mierzył ok. 2 m i biegał na tylnych kończynach, równoważąc ciężar ciała sztywnym ogonem. Charakteryzował się również spiczastą czaszką i dużymi oczami. Jego szczątki zostały odkryte w chińskiej prowincji Junnan przez znanego paleontologa Yanga Zhongijana, który w 1937 roku przybył na te tereny po tzw. „incydencie na moście Marco Polo" lub inaczej „incydencie Lugouqiao" – bitwy uważanej za początek wojny chińsko-japońskiej (1937-1945). Aby upamiętnić to zdarzenie, znalezionemu dinozaurowi nadał nazwę *Lukousaurus*.

Monoklonius

Ten duży przedstawiciel ceratopsów żył w okresie późnej kredy, ok. 76-73 milionów lat temu. Posiadał pojedynczy długi róg na nosie i stąd jego nazwa – monoklonius. Zwierzę to wyróżniało się również ogromną czaszką, która wraz z kryzą mierzyła ok. 2 m, dwoma niewielkimi guzami położonymi nad oczodołami, dziobem oraz zębami policzkowymi. Jego ciało było masywne, a ogon krótki i gruby.

22 GRUDNIA

Monoklonius osiągał długość ok. 5 m i ważył ok. 2 t. Uważany jest za zwierzę stadne, które żywiło się sagowcami, palmami i innymi prehistorycznymi roślinami.

23 GRUDNIA

Oszanozaur

Oszanozaur był wczesnojurajskim czworonożnym dinozaurem, który zamieszkiwał teren dzisiejszych Chin ok. 190 milionów lat temu i osiągał długość ok. 12 m. Cechował się przysadzistą sylwetką i długą szyją. Prawie całe dnie spędzał na pochłanianiu roślin, aby wypełnić swój ogromny, bo mierzący ok. 2,70 m żołądek. Szczątki tego dinozaura zostały odnalezione w 1986 roku w prowincji Junnan.

Podokezaur

24 GRUDNIA

Podokezaur należał do rodziny celofyzów. Był zwierzęciem o lekkiej budowie ciała, mierzącym ok. 90 cm i ważącym ok. 1 kg. Ten mały mięsożerca żył w okresie wczesnej jury, ok. 200-188 milionów lat temu. Prawdopodobnie prowadził stadny tryb życia. Jego skamieliny odkryła w 1911 roku na terenie stanu Massachusetts w Stanach Zjednoczonych Mignon Talbot.

25 GRUDNIA

Poekilopleuron

Poekilopleuron był prymitywnym teropodem występującym na terenie dzisiejszej Europy w środkowej jurze, ok. 160 milionów lat temu. Osiągał długość ok. 9 m, wysokość ok. 3 m i wagę prawie 1,3 t. W odróżnieniu od bardziej zaawansowanych ewolucyjnie teropodów, których kończyny przednie były coraz krótsze i słabsze, ramiona poekilopleurona były bardzo silne, a dłonie zaopatrzone w pięć palców. Szczątki tego zwierzęcia zostały odnalezione we Francji w 1835 roku i były jednym z pierwszych tego typu odkryć na terenie Europy. Niestety oryginalne skamieliny zostały zniszczone podczas II wojny światowej. Istnieje hipoteza, że poekilopleuron jest rodzajem tożsamym z megalozaurem, ale jej potwierdzenie lub obalenie będzie możliwe dopiero wtedy, gdy zostaną odnalezione kolejne szczątki tego mięsożercy.

26 GRUDNIA

Rebbachizaur

Rebbachizaur należał do grupy diplodokształtnych zauropodów. Żył w okresie kredy, ok. 113-97 milionów lat temu. Ten czworonożny roślinożerca charakteryzował się masywnym tułowiem, długim ogonem i szyją, niewielką głową oraz wygiętym łukowato grzbietem, przyozdobionym grzebieniem. Palce jego tylnych kończyn zaopatrzone były w pazury. Rebbachizaur mierzył ok. 20 m. Jego szczątki odnaleziono na północy Afryki (Maroko, Niger). Odkrycie niemal identycznego dinozaura, rajozozaura na terenie Ameryki Płd. potwierdza teorię, że w okresie wczesnej kredy te kontynenty stanowiły jeden ląd.

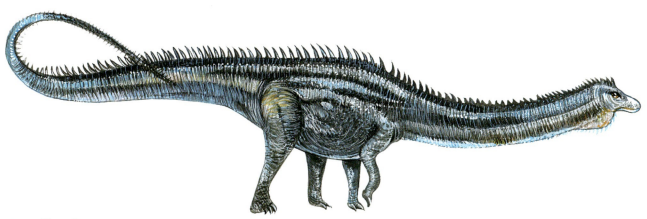

Sarkolest

Sarkolest był wczesnym przedstawicielem rodziny nodozaurów. Ten pancerny, powolny, czworonożny roślinożerca osiągał długość ok. 3 m i żył w okresie jury, ok. 161-157 milionów lat temu. Jego czaszka z grubym sklepieniem przypomina budowę głowy pachycefalozaurów. Istnieje więc hipoteza, że sarkolest używał jej do walki. Opis zwierzęcia przedstawił w 1892 roku Richard Lydekker.

27 GRUDNIA

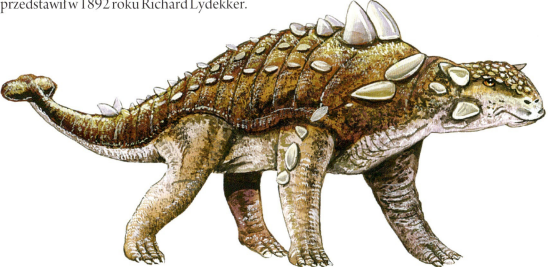

28 GRUDNIA

Stenopeliks

Stenopeliks był jednym z pierwszych przedstawicieli rodziny pachycefalozaurów. Prawdopodobnie był dwunożnym roślinożercą, osiągającym długość ok. 1,5 m. Występował na terenach dzisiejszej Europy w okresie wczesnej kredy. Jego szczątki zostały odnalezione na terytorium Niemiec, a materiał kopalny stanowił fragmentaryczny szkielet pozbawiony czaszki. Klasyfikacja zwierzęcia została wykonana na podstawie stawów biodrowych.

Maksakalizaur

Ten rodzaj zauropoda z grupy tytanozaurów osiągał długość 13 m i ważył ok. 9 t. Żył 80 milionów lat temu. Jego szczątki były wydobywane w latach 1998--2002, podczas prac wykopaliskowych w stanie Minas Gerais w Brazylii. Niektóre z odnalezionych kości noszą ślady zębów, mogące oznaczać, że już po śmierci pastwiły się nad nimi drapieżne dinozaury. Nazwa zwierzęcia

29 GRUDNIA

pochodzi od nazwy indiańskiego plemienia – Maxakali.

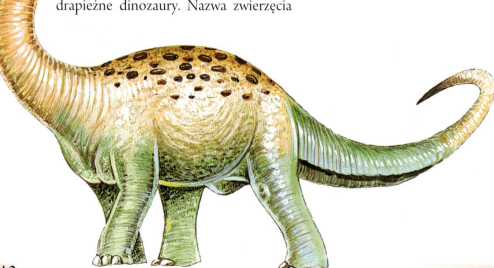

30 GRUDNIA

Prenoceratops

Prenoceratops należał do ceratopsów i żył w okresie późnej kredy, ok. 83-74 milionów lat temu, na terenie Ameryki Płn. Charakteryzował się niedużą lekką sylwetką oraz papuzim dziobem. Był roślinożercą, który odżywiał się m.in. paprociami i sagowcami. Jego skamieniałości zostały odkryte stosunkowo niedawno, bo w 2004 roku, na terenie stanu Montana. Opisała je Brenda Chinnery.

Nanozaur

Nazwa *Nanosaurus* znaczy „malutki jaszczur" i odnosi się do wyglądu zwierzęcia. Ten niewielki zwinny dinozaur wyróżniał się długą szyją, długimi nogami przystosowanymi do szybkiego biegu oraz ogonem, który

31 GRUDNIA

podczas ruchu stanowił przeciwwagę dla reszty ciała. Sądzi się, że miał również pięciopalczaste dłonie i czteropalczaste stopy. Nanozaur żył pod koniec jury, 140 milionów lat temu. Jego szczątki zostały odnalezione na terenie Stanów Zjednoczonych i opisane przez Othniela C. Marsha w 1877 roku.

365 dinozaurów